호텔식음료실무론

계 수 경 저

도서출판 효 일

차 례

I 서비스 / 11

II 레스토랑의 분류 / 17

III 레스토랑의 업무조직 / 31

IV Table ware / 37

V 테이블 세팅 / 49

VI 메뉴관리 / 59

VII 서비스 제공의 실제 / 59

VIII 업장별 실제 서비스 / 87

PART I

서 비 스

1. 접객매너
2. 접객원의 용모 및 복장
3. 고객영접
4. 접객용어
5. 불만고객의 응대
6. 습득물 처리

현대를 살고 있는 우리는 서비스란 말의 홍수 속에서 살고 있다. 미국의 Fuchs라는 학자에 의하면 현대는 이미 오래전에 서비스 경제(GNP의 절반 이상이 서비스 분야에서 일어나는 경제) 시대에 들어 있으며, 우리나라 또한 서비스 부문이 GNP에서 차지하는 비율이 70%에 달하는 고도의 서비스 경제화 시대에 도달했다고 볼 수 있다. 현대사회는 소득의 향상과 학력수준의 향상으로 문화적 소비가 증대되었고 서비스재를 더 중히 여기는 성향이 생겨나 아무리 좋은 제품일지라도 서비스가 더해졌을 때 비로소 그 가치가 빛을 보게 되는데, 서비스란 국가 및 사회와 타인을 위한 봉사를 뜻하는 것으로, 상업적으로는 상품판매와 같은 사업을 위한 수단이나 용역활동을 의미하며, 우리말로는 봉사, 접대, 근무, 용역 등으로 해석될 수 있다.

레스토랑의 서비스는 고객에게 식·음료 판매를 하기 위해 그에 따른 인적·물적 서비스를 제공하는 행위로서 단순한 봉사활동으로서의 제공수단에 그치는 것이 아니라 그 자체가 무형의 상품으로 간주되어 '서비스'라는 상품을 팔고 있는 것이며, 제공하는 상품을 더욱 확실히 빛내주기 위한 활동이라 할 수 있는데, 이런 서비스가 수요자인 고객에게 공급되는 것을 서비스의 제공 또는 서비스 활동이라 한다.

서비스업에 종사하는 사람이라면 접객원 한 사람이 고객에게 얼마나 양질의 좋은 서비스를 제공하느냐에 따라 손님의 많고 적음이 판가름나며, 접객원의 고품격 서비스는 스스로의 가치창조와 아울러 레스토랑의 이미지 형성에도 지대한 영향을 끼친다는 것을 충분히 인식해야만 할 것이다.

1. 접객매너

손님을 대접하고 영접하는 것이 접객이다. 따라서 그 요체는 서비스가 되며, 좋은 서비스맨이 되려면 인간의 심리가 어떻게 작용하는 가에 대한 경험과 지식을 갖는 것이 도움이 된다.

레스토랑에서의 인적 서비스는 고객영접안내, 접객업무, 판매서비스, 고객의 편의를 위한 서비스 등을 모두 포함한다. 그러므로 접객원은 평소에 친절한 마음씨와 봉사정신을 습관화함으로써 고객에게 안전과 만족감을 줄 수 있어야 하며, 이와 함께 그 업무에 대한 흥미와 그 업무를 숙지하고 헌신하려는 노력이 필요하다.

접객원은 항상 고객들에게 서비스할 준비가 완벽히 되어 있어야 한다. 서비스를 제공할 때는 고객간의 차별화된 서비스를 제공해서는 절대 안되며 남녀간 또는 내·외국인간의 서비스에 차별을 두어서도 안된다. 또 접객원은 고객을 먼저 알아보아야 하며 가능하다면 고객의 이름을 기억하고 불러주는 것이 좋다. 그리고 고객들보다 한 걸음 앞서 생각하고 행동하며 고객들이 원하는 서비스를 먼저 제공해야 하는데 이것이 one stop ahead service인 것이다.

접객원의 서비스는 신속·정확해야 하는데 이를 위해서는 동료간 또는 부서간의 팀웍을 강화해야 한다. 또 풍부한 상품지식을 갖도록 노력해야 고객의 질문이나 도움 요청에 자심감있게 대처하도록 하며 항상 정직하게 대답하고 행동해야 한다.

즉, 접객원이 적극적인 사고방식으로 일을 사랑하며 즐거운 마음으로 업무에 임한다면 그러한 접객원의 서비스를 고객들도 즐거운 마음으로 받아들이게 될 것이다.

2. 접객원의 용모 및 복장

고객에게 좋은 서비스를 제공하려면 깨끗하고 단정한 용모 및 복장이 선행되어야 할 것이다.

① 복장 : 레스토랑의 규정에 따라 정해진 유니폼을 착용해야 하는데 유니폼은 업장의 전체적인 이미지를 나타내주는 것이므로 항상 깨끗하고 단정하게 착용해야 하며 손상되지 않도록 주의해야 한다. 이것은 징계대상이 되기도 한다.

복장 규정의 일부로 명찰을 부착하는데 이것의 고의적인 훼손이나 분실시는 명찰값을 지불해야 하며 명찰의 취급은 인사부서에서 한다.

② 신발 : 근무시 사용하는 구두는 따로 마련해야 하며 근무시간 내에는 신발을 벗어서는 안된다. 주방근무자일 경우는 지정된 안전화를 반드시 신어야 한다.

③ 두발 : 남성의 경우는 뒷머리가 와이셔츠의 칼라를 덮지 않도록, 옆머리는 귀를 덮지 않도록 짧게 깎아야 하며, 여성은 염색을 해서는 안되고 머리가 얼굴을 가려서는 안되며 화장도 밝고 자연스럽게 하되 속눈썹을 다는 것은 금물이다. 주방근무자는 남녀 공히 위생모를 착용해야 한다.

이밖에 반지, 팔지 등의 액세서리는 피해야 하며 강한 향수도 피한다. 또 손톱은 항상 청결하게 유지해야 하며 상처난 손으로 서비스해서도 안된다.

3. 고객 영접

호텔 레스토랑에서는 일반적으로 규모에 따라 1~2명의 접객담당 헤드웨이터 또는 그리트리스(greetress)를 따로 두어 그 접객원으로 하여금 전문적으로 고객을 맞게 하고 있다. 이들 접객원들은 고객이 레스토랑을 방문했을 때 첫인상에서부터 자신들이 최고의 대접을 받고 있다는 느낌을 받을 수 있도록 마음에서 우러나오는 따뜻하고 친절한 인사를 건내고 예의바르게 환영해야 한다. 고객이 도착하면 먼저 밝은 미소와 함께 예약여부를 확인하고 그 인원수를 파악하여 예약되어 있는 좌석이나 인원에 맞는 식탁으로 안내한다. 만일 고객이 특별한 좌석을 지정하여 앉기를 원할 때는 고객이 요구하는 좌석이 예약되어 있지 않는 한 그 좌석에 앉도록 안내하며, 고객의 특별한 좌석요구가 없을 때에는 될 수 있는 한 좌석을 분산시켜 배정하는 것이 품격있는 서비스 제공을 위해 좋다.

서비스를 담당하는 접객원에게 가장 요구되는 것은 몸에 익은 세련된 태도이다. 접객원은 긴급시 이외에는 뛰어서는 안되며 상사나 손님을 앞지르지 않는 것이 원칙인데 급한 용무가 있을 때는 반드시 '실례

합니다'하고 사과를 한다. 손님을 안내할 때에는 손님에게 유의하면서 한걸음 앞에서 선도하며 수행시에는 손님의 좌측 1보 뒤나 후방을 걷는다. 또 휴식시 유니폼을 입은 채로 건물밖으로 나가서는 안된다.

4. 접객용어

레스토랑에서 근무하는 접객원은 항상 품격있는 언어를 구사하여 고객에게 좋은 이미지를 주어야 하며 평소의 반복훈련을 통해 어떠한 상황에서나 어떤 상대에게라도 정중하고 교양있는 언어로 대화할 수 있도록 노력하는 것이 중요한데, 명령어보다는 의뢰형과 긍정형의 말씨를 쓰며 고객의 말을 적극 경청하고 고객의 입장을 고려하는 태도나 고객이 알아듣기 쉬운 용어를 사용하도록 한다. 또 말끝을 흐리지 않고 명료하게 전달하며 손짓이나 웃음이 지나치지 않도록 주의한다.

참 고	**접객화법** ① 명령형은 피하고 의뢰형을 사용한다. ② 긍정형을 사용한다. ③ 거절할 때는 의뢰형을 사용한다. ④ 경어를 사용한다. ⑤ 손님의 반응을 보면서 대화한다. ⑥ 마이너스 · 플러스법을 이용한다. ⑦ 반토막말의 사용을 금한다.

5. 불만고객의 응대

고객의 불만사항에 대해 신속하고 정성껏 처리했을 때 우리는 그 고객을 평생 고객으로 만들 수도 있다는 점을 인식하고 '고객은 항상 옳다'는 개념으로 업무를 처리한다.

6. 습득물 처리

레스토랑 내에서 분실되거나 보관하는 습득물에 대해서는 반드시 문서화하여 안전하게 본인에게 반환하거나 법에 따라 처분한다.

① 각 부서의 전 종업원은 호텔 내에서 발견·습득한 모든 물건을 각 부서를 통하여 그 습득경로와 함께 당직지배인에게 전달한다.

② 고객이 놓고 간 모든 물건들은 가격 고하를 막론하고 습득일로부터 일정기간 동안 보존되어야 하며 그 이전에는 처분할 수 없다.

③ 모든 분실물은 L/F(lost & found) slip을 작성하도록 하며 각각 tag에 자료를 기입하여 분별할 수 있게 한다.

④ 모든 습득물에 대한 보관소는 안전자물쇠를 채워야 하며 현금 및 고가의 귀중품은 프론트 데스크의 안전금고에 보관한다.

⑤ 물품반환 후 담당직원은 습득물 인계부서에 slip을 작성 날인한 후 전표를 통해 장부정리를 하며 전표는 물건 반환 후 6개월 이상을 보관한다.

⑥ 습득물은 본인이 날인한 우송 청구소가 있기 전에는 임의로 우송해서는 안되며, 우송은 등기우편을 원칙으로 한다.

⑦ 주인 불명으로 인계된 분실물일 경우는 관계법령에 의거하여 처리하는데, 정직을 장려하는 뜻으로 법이 허용하는 범위에서 발견·보고한 종업원에게 되돌려주는 경우도 있다.

PART II

레스토랑의 분류

레스토랑은 프랑스 어느 식당의 인기있는 수프이름이 전래되어 'Restaurant'이라는 식당의 통칭이 되었다고 전해지기도 하며, 또 프랑스 백과사전에 의하면 그 어원이 'de restaurer'란 단어로 보양있는 음식 또는 휴식에 의해 체력과 건강을 회복시키고 원기를 돋운다는 의미를 가지고 있다고 한다. 미국에서는 레스토랑에 대한 정의를 '일반에게 공개된 식사와 음료를 제공하는 시설'로 설명하는데 종합해보면 레스토랑은 영리 또는 비영리를 목적으로 일정한 장소에 고객이 휴식할 수 있는, 즉 원기와 피로를 회복할 수 있는 시설을 갖추고 잘 훈련된 접객원이 인적서비스와 식음료를 제공하고 그 대가를 지불받는 업이라 할 수 있다.

1. 명칭에 의한 분류

1) Restaurant

일반적인 식당의 의미로서 식탁이 마련되어 있고 고객의 주문에 따라 서비스 직원에 의해 음식이 제공되는 고급의 시설과 정중한 서비스는 물론 고급 음식을 갖춘 식당이다.

2) Dining room

식당 이용시간이 대체로 제한되어 있어, 아침을 제외한 점심과 저녁식사를 정해진 시간에 제공하는 식당으로 주로 Table d'hote를 판매한다. 그러나 최근에는 이 명칭이 잘 쓰이지 않으며 점심뿐만 아니라 일품요리도 제공하고 있다.

3) Grill

A la carte(일품요리)나 daily special menu를 제공하는 식당으로 아침, 점심, 저녁식사가 계속해서 제공된다.

4) Cafeteria

음식물이 진열되어 있는 Counter table에서 직접 요금을 지불하고 손님이 먹고 싶은 것을 스스로 가져다 먹는 self service 형식의 간이식당을 말한다.

5) Lunch counter

음식의 조리과정을 직접 볼 수 있도록 counter table을 마련하여 놓고 고객이 이곳에 앉아 음식을 직접 제공받는 식당을 말한다. 일식당 내의 sushi counter가 좋은 예이며, 고객이 직접 조리과정을 지켜볼 수 있기 때문에 식욕촉진에도 도움을 주고 기다리는 시간의 지루함도 덜 수 있다.

6) 뷔 페(Buffet)

일정한 요금을 지불하고 음식이 진열된 식탁에서 고객이 자유로이 선택하여 양껏 즐길 수 있는 셀프서비스 식당이다. 일식부문의 회코너, 생선초밥코너, 중식의 북경요리코너, 한식의 갈비코너 등에는 항상 조리사가 대기하여 즉석 서비스함으로써 질이 높은 음식서비스를 제공하기도 하며 음료 및 커피는 직원이 서브해주기도 한다.

7) Coffee shop

고객의 왕래가 많은 곳에서 많은 종류의 메뉴를 준비하여 판매하고 있는데, 주로 가벼운 식사와 함께 커피 및 음료수를 판매하는 식당이다. 특히 우리나라에서는 인식이 잘못되어 아직도 coffee shop하면 다방을 생각하는 사람이 많은데, 엄연히 호텔식음료 업장 중에서도 매상도 많고 고객수도 가장 많은 중요한 식당이다.

8) Drive in

교통이 편리한 도로변에서 여행객을 상대로 음식물을 판매하는 식당이며, 여행자가 자동차를 타고 들어가므로 넓은 주차장 시설을 필요로 한다.

9) Dining car

철도를 이용하는 사람들을 대상으로 해서 식당차를 여객차와 연결하여 그 곳에서 음식을 판매하는 식당을 말하며, 우리나라의 무궁화호 이상의 열차에서 경험할 수 있다.

10) Snack bar

서서 음식을 먹는 간이식당으로 가벼운 식사, 음료, 술이 제공되는 식당이다.

11) Industrial restaurant

회사나 공장같은 곳의 구내식당으로 비영리 목적의 식당을 말하며, 학교, 병원, 군대의 식당이 여기에 속하는데 급식식당으로 더 잘 알려져 있다.

12) Department store restaurant

백화점을 이용하는 고객들이 shopping 도중 식사를 할 수 있게 만든 식당을 말한다. 이곳에서는 대개 self service 형식을 취하며 신속한 요리(fast-food)가 제공된다.

13) 델리카트슨(Delicatessen)

간단한 sandwich나 salad, bread 등을 판매하는 곳으로 최근에는 cake, ham, sausage 등의 가공식품도 판매한다.

2. 운영형태에 의한 분류

1) 체인형태의 레스토랑

구미각국에서 발달한 경영형태로 최근 식당사업의 대형화로 각광을 받고 있다. 강력한 중앙통제방법으로 대량구매, 대량생산으로 인한 원가절감과 서비스 및 시설의 통일화, 공동선전, 식음료 요금의 표준화 등의 효과를 기대할 수 있지만 처음 개점할 때 큰 자본이 투자되는 단점이 있다. 햄버거 전문점인 Mcdonald사가 대표적이며 우리나라에도 롯데리아를 비롯한 여러 식당이 있다.

2) 독립형태의 레스토랑

한 사람의 투자와 경영기술로 운영되는 레스토랑으로 대부분의 식당이 여기에 속한다.

3) 전문 레스토랑

단일한 품목만을 전문적으로 취급하여 제공하는 식당으로 원가절감의 효과를 기대할 수 있다.

4) 실비식당

저렴한 가격으로 음식을 제공하여 서민들이 부담없이 출입할 수 있으며 박리다매를 추구하는 식당이다.

3. 식사품목에 의한 분류

1) 양식당(Western style)

(1) 프랑스식 식당 (french restaurant)

서양요리에는 프랑스 요리가 세계적으로 제일 유명한다. 프랑스 요리는 이탈리아에서 유래되어 16세기의 앙리 4세때부터 발전하여 오늘날 가히 요리의 천국을 이룩한 것이다. 우리가 잘 알고 있는 샤또브리앙(chateaubriand)을 비롯하여 바닷가재요리 · 생굴요리 및 오되브르(hors d'Oeuvres) 요리가 있고, 각종 소스(sauce)만도 500여 가지가 넘는다고 한다.

(2) 미국식 식당(American restaurant)

서양요리는 각국마다 그 특색이 있는데 이탈리아에는 파스타(pasta), 영국에는 로스트 비프(roast beef)가 있는가 하면, 미국에서는 비프 스테이그(beef steak)를 대표요리로 들 수가 있다.

그 밖에도 바비큐(barbecue, 통고기구이), 햄버거(hamburger) 등도 들 수 있는데, 이들은 일반적으로 빵과 곡물, 고기와 계란, 낙농식품, 과일, 야채 등을 재료로 이용한다. 미국인들은 간소한 메뉴와 경제적인 재료, 영양본위의 실질적인 식생활을 하고 있는 것이 특징이다.

(3) 이탈리아 식당(Italian restaurant)

이탈리아 요리는 일찍이 14세기 초엽에 탐험가 '마르코 폴로'가 중국 원(元)나라에 가서 배워 온 면류(麵類) 요리가 고유한 스파게티(spaghetti)와 마카로니(macaroni)로 정착하였으며, 또한 프랑스 요리의 원조가 된 것이다. 이탈리아에서는 이 면류 요리를 총칭하여 파스타(pasta)라고 하며, 수프를 대신하여 식사 전에 먹는다.

이탈리아 요리의 코스는 다음과 같다.

① 아페리티보(aperitivo, 식사 전에 마시는 술)
② 안띠파스토(antipasto, 전채에 해당)

③ 육 요리(肉料理)
④ 인살라따(insalata, 야채)
⑤ 과일
⑥ 커피

등의 순서로 약 3시간 정도의 점심식사를 성찬으로 즐긴다.

(4) 스페인 식당

스페인은 주위가 바다로 둘러싸여 해산물이 풍부하며 생선요리가 유명한데, 특히 왕새우 요리는 세계적이다. 스페인 요리는 올리브유, 포도주, 마늘, 샤프란 등 향신료를 많이 쓰는 것이 특징이다.

2) 한식당

우리나라는 궁중을 중심으로 발달한 궁중요리와 불고기, 신선로, 김치 및 전골요리가 대표적이며 음식에 여러 가지 재료와 양념을 사용하여 조리함으로 다양한 맛과 색깔을 나타내는 것이 특징이다. 그러나 음식의 보관방법과 다양한 반찬의 수 등으로 양식요리에 비해 표준식당 개발에 어려움이 있어 다양한 요리가 제공되지 못하고 있는 실정이다.

3) 중식당

음향오행설을 요리의 기초에 두고 요리하는 중국음식은 음식의 맛과 질이 다양하며 역사도 깊어 그 수준은 세계 제일이라고 해도 과언이 아니다.

중국요리는 황궁과 민가의 합작요리라고도 할 수 있는데, 돈과 권력을 이용한 강장·강정의 음식과 민가의 생계를 위한 음식이 결합되어 현재와 같은 다양한 요리로 발전하였다.

특히 주식과 부식의 구별이 없으며 광대한 면적으로 인해 각 지역마다 독특한 재료를 이용한 지방별로 특색있는 요리가 발달하였다.

4) 일식당

일본은 섬나라인 관계로 생선요리가 발달하였으며 음식도 색·향기·맛을 살려 조미한 단백하고 깔끔한 점이 특색이다.

일본요리는 후지산을 중심으로 오오사까(大阪)지방의 관서중 요리와 도쿄를 중심으로 한 관동요리, 요정을 중심으로 발달한 요정요리로 크게 구분할 수 있으며, 상차림, 식사예법 등의 형식을 매우 중요시 하는 것이 특징이다.

참 고

요리의 종류

형식을 매우 중요시하고 식사예법도 구비되어 있으며, 계절별, 명절, 행사별 사용되는 요리의 종류가 매우 많다.

① 본선요리(혼젠요리) : 일본의 정식정찬요리로서 경조사에 나오며 다섯 번의 상이 나오는 요리이다.

② 회석요리(가이세키요리) : 주연을 중심으로 한 요리로서 요즘 일본식 상차림의 대표적인 요리라고 할 수 있다.

③ 차회석요리 : 다도에서 유래된 요리로 약간의 시장기를 면하기 위한 가벼운 식사이다.

④ 정진(쇼징)요리 : 고기를 전혀 사용하지 않는 요리로 승려들의 식사 혹은 불가의 의식에 사용되던 사찰에서 유래된 요리이다.

4. 서비스 형식에 의한 분류

1) 테이블 서비스 레스토랑

일반적인 식당을 의미하며 일정한 장소에 식탁과 의자를 비치하고 고객의 주문에 의해 웨이터나 웨이트레스가 주문받고 식음료를 서비스하는 식당을 말하는데, 호텔 내에 위치해 있는 대부분이 테이블 서비스 레스토랑이며 쾌적하게 조성된 분위기 속에서 특징있는 요리를 신속하고 부드럽게, 또한 보다 전문적이며 효율적인 방법으로 제공하여 고객의 요구를 충족시켜 주는데 그 목적이 있다.

요리를 서비스하는 방법에 따라 다음과 같이 분류한다.

(1) 아메리칸 서비스

레스토랑에서 일반적으로 이루어지는 서비스 형식으로서 서비스 중에서 가장 신속하고 능률적이다. 고급레스토랑을 제외하고는 대부분 아메리칸 서비스 방법을 취하고 있다.

아메리칸 서비스의 특징은 다음과 같다.

① 주방에서 음식이 접시에 담겨져 공급되어 직접 서브된다.
② 빠른 서비스를 할 수 있다.
③ 고객의 미각을 돋우지 못한다.
④ 음식이 비교적 빨리 식는다.
⑤ 고급레스토랑에서보다는 회전이 빠른 레스토랑에 적합하다.
⑥ 종업원 한 사람이 보다 많은 고객을 담당할 수 있다.

(2) 훼밀리 서비스(Family service)

아메리칸 서비스를 일부 변경한 일반적인 서비스이며, 잉글리쉬(English) 서비스라고도 한다. 조리와 배분은 주방에서 이루어져 볼(bowl)이나 플래터(platter)에 담겨져 장식되는데 훼밀리 서비스 특징은 다음과 같다.

① 서비스 방법이 단조로와 숙련되지 못한 접객원도 쉽게 적응할 수 있다.
② 고객 스스로가 요리를 분배해서 식사한다.
③ 접객원은 많은 고객을 담당할 수 있으며 좋은 서비스도 할 수 있다.
④ 고객 스스로 떠먹기 때문에 종업원의 관심도가 적고, 요리가 다른 고객에게는 호화스럽게 보이지 않는다.

(3) 프렌치 서비스(French service)

유럽의 귀족들이 좋은 음식과 시간적인 여유를 즐기기 위한 형식적이고 우아한 서비스이며, 요리는 silver platter에 담아 Guéridon에 의해 운반된다.

고객 앞에서 flambée wagon이나 레쇼(réchand)를 사용하여 쉐프드랭(chef de rang)이 요리를 완성시켜 서브하는데 대표적인 요리는 다음과 같다.

① La Salade CéSar(caesar salad)
② Le Tournedos au Poivre(pepper steak)
③ Lec Crépes Suzettes(crepes in orange juice)

프랑스 요리는 한 스테이션을 보통 쉐프 드 랭 1명과 꼬미 드 랭(Commis de rang, 즉 Assistant Station Waiter) 1명이 담당하는데, 쉐프드랭은 지배인이나 Greetress가 부재시 전표작성과 계산의 업무를 맡으며 꼬미드 랭은 준비된 요리를 접시에 담아 고객에게 서브하는 일과 쉐프 드 랭을 보좌하는 일을 한다.

Guéridon 서비스의 특징은 다음과 같다.

① Á la Carte 메뉴를 사용하는 전문레스토랑에 적합한 서비스이다.
② 식탁과 식탁사이에 Guéridon(wagon)이 움직일 수 있는 충분한 공간이 필요하다.
③ 숙련된 종업원으로 접객편성이 이루어져야 하므로 인건비의 지출이 높다.
④ 고객은 자기 양껏 먹을 수 있으며 남은 음식은 따뜻하게 보관되어 추가 서비스를 할 수 있다.
⑤ 다른 서비스에 비해 시간이 오래 걸리는 단점이 있다.
⑥ 구성원은 각각 독립적인 업무를 지니고 있으나 필요에 따라 서로 협조하지 않으면 안된다.

(4) 러시안 서비스(Russian service)

러시안 서비스는 후렌치 서비스와 유사한 점이 많으며, 1800년 중반에 유행했던 대단히 고급스럽고 우아한 서비스이다. 접객원은 무거운 Platter를 사용하며, 테이블 셋팅(table setting)은 Guéridon 서비스와 동일하다.

① 전형적인 연회(banquet) 서비스이다.
② 혼자서 우아하고 멋있는 서비스를 할 수 있고 Guérideon 서비스에 비해 특별한 준비기물이 필요하지 않다.
③ 요리를 Platter에 의해 고객의 왼쪽에서 오른손으로 서브한다.
④ Guéridon 서비스에 비해 시간이 절약된다.
⑤ 마지막 손님은 식욕을 잃게 되기 쉬우며 나머지만으로 서비스받기 때문에 선택권이 없다.

2) Counter service restaurant

주방을 개방하여 고객이 조리과정을 직접 보면서 식사할 수 있게 counter를 table로 하여 음식을 제공하는 형식의 식당을 말한다. 이러한 식당은 직원의 서비스가 그다지 많이 필요하지 않고, 고객이 보는 앞에서 요리를 만들어 제공하므로 서비스가 빠르고 위생적이며 지루함을 느끼지 않는다. 때로는 웨이터가 음식을 테이블까지 날라주기도 한다.

3) Self service restaurant

고객이 직접 tray나 접시를 들고 자기가 좋아하는 음식물을 선택해서 운반해 먹는 식당으로 신속한 식사를 할 수 있으며, 기호에 맞는 음식을 자유로이 선택할 수 있고 가격이 비교적 저렴하며 tip을 지불할 필요가 없다는 장점이 있다.

식당쪽에서도 인건비가 줄어들고 회전이 빨라 매출이 증진되는 이점이 있는데 가벼운 음식이 주류인 cafe style과 buffet style의 두 종류가 있다.

4) Feeding

비영리적이며 self service 형식의 식당으로 회사의 급식, 학교 기숙사, 병원, 군대의 급식 등을 들 수 있다. 이는 반드시 비영리적이며, 일정한 장소에서 많은 인원을 수용하여 식사를 제공할 수 있으며, 반드시 정해진 menu만을 선택해야 하기 때문에 자신의 기호에 맞는 식사를 할 수 없다는 단점이 있다.

5) Vending machine service

인건비의 상승으로 인하여 선진국에서 인기있는 자동판매기로 snacks, can, milk, ice-cream, pastries 등을 판매한다.

우리나라에도 많은 종류의 자동판매기가 있으나 식당으로 분류하기에는 무리가 따르는 일종의 판매산업이다.

PART III

레스토랑의 업무조직

1. 레스토랑 조직의 의의와 기능
2. 레스토랑의 경영조직
3. 레스토랑 조직의 구성원과 임무

1. 레스토랑 조직의 의의와 기능

레스토랑에서 조직이란 경영의 최대목표인 이윤의 극대화와 고객에게 신속하고 편안한 서비스를 제공하기 위한 기능을 정비하고 그 접객원들에게 권한과 책임을 부여하는 것인데, 제1원칙은 식음료를 효율적으로 조제하여 그것을 유효하게 서비스하면서 최대의 수익을 가져오는데 있다.

그러기 위해서는 각 조직이 수행해야 할 일을 명시하고 개인을 집단화해서 책임과 권한을 규정・위임하여 접객원들로 하여금 소기의 목적 달성을 위해 가장 효과적으로 일할 수 있도록 직무관계를 설정해야 한다. 이러한 조직의 업무분류 방식은 레스토랑 규모와 판매상품의 내용에 따라 조금씩 달라진다.

2. 레스토랑의 경영조직

레스토랑의 효율적 운영에 가장 큰 역할을 하는 것은 노동력이다. 따라서 업무가 효율적으로 수행되도록 체제구축과 시스템 구축이 필요한데 고객에게 훌륭한 서비스를 제공하기 위한 경영조직을 분류하자면 크게 3가지로 구분할 수 있다.

1) 쉐프 드 랑 시스템(Chef de Rang system)

이 시스템을 국제적 서비스제도(international service brigade) 혹은 후렌치 서비스(french service)라 부르며 가장 정중하고 최고급의 서비스를 제공하는 고급식당에 적합한 조직이다.

식당 지배인 아래 캡틴(captain)이 있고, 그 밑에 3~4명의 웨이터가 근무조를 이루어 고객을 담당하여 서브하는 제도로서 이는 팀워크(team work)의 조화가 잘 이루어져서 구성원의 책임이 각기 다른 업무까지도 원활히 대행되어야 하는데 인건비의 지출이 높다는 단점이 있다.

2) 헤드 웨이터 시스템(Head waiter system)

일반 식당에서는 가장 영업에 유리한 조직으로 수장(head waiter) 밑에 요리담당(meals waiter)과 음료담당(drinks waiter)을 두어 주어진 테이블을 서비스하는 'Chef de Rang system'을 축소시킨 제도라 할 수 있으며, 우리나라에서 가장 널리 쓰이는 접객 시스템이다.

3) 스테이션 웨이터 시스템(Station waiter system)

이것은 'One-waiter system'이라고도 부르며 한 계절만 영업을 하는 계절식당(seasonal restaurant)에 적합한 것으로 한 식당에 수장(head waiter)을 두어 그 밑에 한 명씩의 웨이터가 한 담당구역(station)만을 서브하는 제도, 즉 한 명의 웨이터가 일정한 식탁(table)만을 맡아 식사와 음료를 제공하는 것으로 비교적 숙련된 웨이터라야 하는데 접객원 혼자서 담당구역을 서비스하므로 일괄적인 서비스는 제공할 수 있으나 충실한 서비스를 제공하기 힘들다는 단점이 있다.

3. 레스토랑 조직의 구성원과 임무

조직의 경영에 있어서 종업원은 경영목적을 달성하기 위하여 일정한 업무활동을 하게 된다. 이 업무활동은 상호 긴밀한 관계를 지니고 있고 종업원 각자의 직무담당을 분리 편성하여 조직화함으로써 업무를 능률적으로 수행할 수 있는데, 이것은 기구조직에 따라 달라질 수 있다.

1) 식음료과정(Food & Beverge director)

식음료부서의 최고 책임자로서 영업에 관한 정책수립과 계획, 영업장관리, 전 종업원의 인사관리 등 식음료부서 전반적인 운영상태 및 문제점을 파악하고 운영에 관한 책임을 지며 종업원의 서비스 강화교육을 담당한다.

2) 식음료 지배인(Restaurant meanger)

식당의 책임자로서 식당의 운영상태 및 문제점을 파악하여 이를 개선하고 모든 종업원에 관한 일들을 협력하고 감독한다.

또한 일일 영업시작전 서비스 브리핑과 유니폼 점검 등을 하며 비품관리, 위생관리에 책임을 진다.

3) 캡틴(Captain)

좋은 서비스 기준에 도달하기 위하여 자기구역 내에서의 식음료의 제공을 감독한다.

고객의 주문을 받고 웨이터, 주니어 웨이터 등의 서브를 살펴서 고객만족을 유도한다.

특별한 메뉴의 경우 직접 고객의 테이블에서 요리하고 서브하기도 한다.

4) 그리트레스(Greetress)

지배인이나 부지배인의 업무를 보좌하며 레스토랑에 방문하는 고객을 영접하여 테이블까지 안내하고 담당하며 고객에게 호텔의 각종 이벤트에 관한 정보를 제공한다. 또 고객의 complain을 청취해 지배인에게 보고하는 일을 맡는다.

5) 헤드 웨이터(Head waiter)

캡틴, 그리트레스, 웨이터, 주니어 웨이터를 감독하고 메뉴를 추천, 판매하고 주문을 받으며 종업원에 대한 평가를 담당한다.

6) 웨이터 / 웨이트레스

주문된 음식을 고객에게 신속히 제공하는 일과 table setting, 기물관리, 청소 등을 책임지며, 캡틴을 보좌하여 고객에게 메뉴를 제공하고 주문을 받는다.

또 고객의 착석을 돕는 일과 불평을 captain에게 전달하는 일, 주방에 주문전표를 제출하는 일 등을 한다.

7) JR waiter / JR waiteress

Waiter와 waitress에 의해 지시된 업무를 수행하는데 주로 보조적인 업무, soup, salad, dessert와 같은 음식들을 주방카운터에서 운반하여 service tray나 station에 옮기는 일, 빵 서브, 물따르기, 커피 서브 등이다.

8) 음료 지배인(Beverage manager)

주장(bar)의 책임자로서 레스토랑 내 음료에 관한 계획, 개발, 판매의 책임을 가지며 관할 직원의 근무감독, 인원배치, 서비스 교육을 맡고 주장의 운영상태와 음료의 재고, 구매관리를 책임진다.

9) Bartender

주장내에서 알코올성 음료와 비알코올성 음료를 제조, 판매하며 bar의 청결유지와 사용재료의 적정재고량 확인 등 주장의 영업준비를 책임진다.

10) 주장의 waiter / waitress

식음료 웨이터와 동일하다.

PART IV

Table ware

1. Silver ware
2. China ware
3. Glass ware
4. Service wagon
5. Napkin

테이블 웨어란 식사에 필요한 제반 집기, 기물을 말한다.

식당용 서비스 기물에는 조리된 음식을 담아내는 그릇에서부터 테이블에서 식사하는 데 쓰이는 기물에 이르기까지 수많은 종류의 것이 있으나, 크게 다음과 같이 나눌 수 있다.

① Silver ware(은기 제품류)
② China ware(도기 제품류)
③ Glass ware(유리 제품류)
④ Utensil(기타 도구류)

1. Silver ware(은기 제품류)

Steel로 만들어진 것에 은으로 도금한 것으로, 때로는 stainless steel을 사용하기도 한다.

취급시에는 소음을 내지 않도록 하고, 특히 table setting을 할 때는 각별히 유의한다. 녹이 슨 기물이나, water stain이 있는 기물은 사용하지 말아야 한다.

Silver ware는 녹이 잘 스는 관계로 평소 뜨거운 물에 깨끗이 닦은 후에 반드시 마른 glass towel을 이용하여 물기를 제거한다.

또한 주기적으로 varnishing을 하여 광택을 유지하도록 한다.

은기에 속하는 것으로는 쟁반, knife & fork, spoon, service tray 등이 있다.

2. China ware(도기 제품류)

도자기류라고도 하며 인류문명 이전부터 사용되어 왔는데, 특히 중국식당과 일본식당, 한국식당에서 많이 쓰고 있으며 깨지거나 금이 가기 쉬워 취급시 각별한 주의를 요한다.

종류로는 접시류(plates), 컵류, 볼(bowl) 등이 있다.

3. Glass ware

글라스를 크게 구분하면 목이 긴 goblet과 바닥이 평평하고 원형인 tumbler로 구분할 수 있는데 goblet은 주로 물컵이나 와인 글라스로 사용하고 tumbler는 음료수용으로 사용하는 손잡이가 없는 원통형으로 된 것을 말한다.

글라스를 이동할 때나 세팅할 때 주의할 점은 입이 닿는 윗부분에 손이 닿아서는 안된다는 것이며 이것 역시 깨지기 쉬우므로 상당한 주의를 요한다.

4. Service wagon(trolley)

서비스를 원활히 하고 격조있도록 하기 위해 식당에서는 여러 가지의 wagon을 사용한다.

1) Side-board

Working table, service station, serving table, side table 등으로 불리우기도 하며 서비스에 필요한 준비물을 보관해 두는 것으로 신속한 서비스를 목적으로 한다. 이동식과 고정식의 두 가지가 있다.

2) Gueridon

최고급 서비스를 하는데 필요한 기물이며, table의 높이와 비슷하여 음식을 서비스하는데 불편함이 없도록 한다. 바퀴가 달려 있어 자유자재로 움직이며, 때로는 무겁거나 뜨거운 음식을 운반하는데 사용하기도 한다.

3) Hors d′oeuvre trolley

음식의 빛깔이나 맛이 변하지 않도록 냉장설비가 되어 있어야 한다.

고객이 잘 볼 수 있도록 display되어야 한다.
항상 청결한 상태를 유지하여야 한다.
차가운 오드블 접시와 필요한 기물이 함께 준비되어야 한다.

4) Roast beef wagon

요리된 roast beef가 식지 않도록 뚜껑이 있고 연료를 사용하여 적당한 온도를 유지하도록 되어 있다.

도마, roast beef용 knife와 fork, beef용 sauce가 준비되어 있어 고객앞에서 직접 carving하여 제공한다.

5) Frambee trolley

특별한 appetizer, entree, dessert 등을 고객앞에서 요리할 때 사용한다.

가스나 알코올 렌지와 석쇠가 준비되어 있고 fry pan을 비롯한 간단한 주방기구가 준비되어 있으며 소금, 후추, 버터, 혹은 salad oil 등의 긴단한 조리용 양념이 고정배치되어 있다.

6) Dessert trolley

냉장설비가 되어 있는 것과 없는 것으로 구분되는데 여러 가지 dessert를 준비할 수 있게 접시와 cake server 등의 필요한 기물이 함께 준비된다.

고객이 잘 볼 수 있고 구미가 당기도록 display 되어야 하며, 고객앞으로 끌고 다니면서 suggestive selling을 통하여 주문을 받고 그 자리에서 바로 서비스 한다.

7) Bar wagon

각종 주류를 진열하여 판매할 수 있는 wagon으로 glass류와 bar 기물 등을 함께 준비할 수 있어야 하고, 얼음을 비롯한 cocktail용 부재료를 준비할 수 있어야 한다.

고객앞에서 주문을 받아 직접 서비스하는 것으로 품격있고 격조 높게 장식되어야 하는데 formal full course party에서는 brandy를 위시한 dessert wine을 비롯하여 cigar를 서비스하기도 한다.

8) Room service wagon

Room service용 wagon으로 hot box를 이용하여 음식이 식는 것을 방지한다.

깨끗한 linen을 덮은 후에 setting하며 carpet 위 먼거리를 이동하여 바퀴의 기능이 떨어질 수 있으므로 수시로 상태를 파악하여 양호한 상태를 유지시킨다.

인원의 다소에 따라 크기를 조절할 수 있게 되어 있다.

5. Napkin

냅킨은 식탁 꾸미기의 마지막 장식품이라 할 수 있으며 그 역사는 로마시대에 식후에 하인이 Mappa라고 하는 towel과 물 그릇을 들고 돌면서 손을 씻게 했던데서 유래했다고 한다.

재질은 부드러운 linen을 사용하며 규격은 50×50cm, 60×60cm, 67.5×67.5cm 등의 종류가 있고 청결한 느낌을 주는 백색이 원칙이다.

그러나 table cloth와 잘 어울리는 색깔을 선택하기도 한다.

냅킨을 접는 방법은 여러 가지가 있는데 대표적인 예로는 다음과 같다.

1) 촛대모양(The Candle)

① 점 B가 A에 맞닿도록 1/2로 접는다.

② 선 CD가 밑으로 내려오도록 EF를 접는다.

③ 접혀진 면이 외각으로 가게 하여 점 E가 F를 향해가도록 감는다.

④ 초모양이 풀리지 않도록 바깥에 남아 있는 부리를 귀퉁이 안쪽 소

맷부리로 끼워 넣는다.

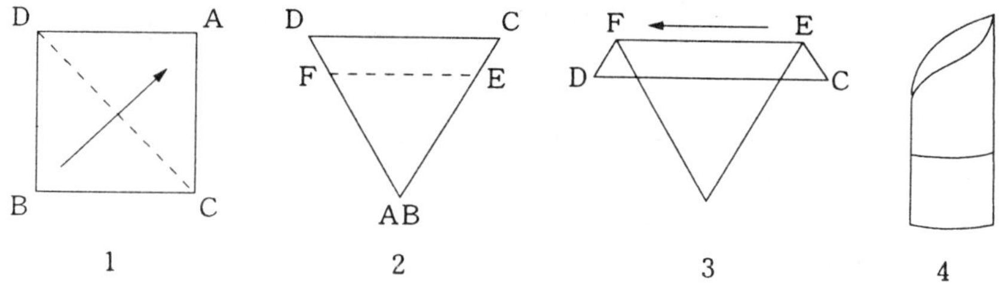

2) 왕관모양(The Crown)

① 점 A가 B에 맞닿도록 1/2로 접는다.

② 점 C와 점 D를 각각 점 AB에 닿도록 접는다.

③ 점 E를 점 AB를 향해 약 2/3 접어 올린 후 다시 아래로 1/2 접어 내린다.

④ 냅킨을 뒤집은 후 F를 G 쪽으로 감아 모서리를 맞춘 후 끝을 끼워 넣는다.

⑤ 냅킨을 세우고 상단의 양 깃을 구부려 내린다.

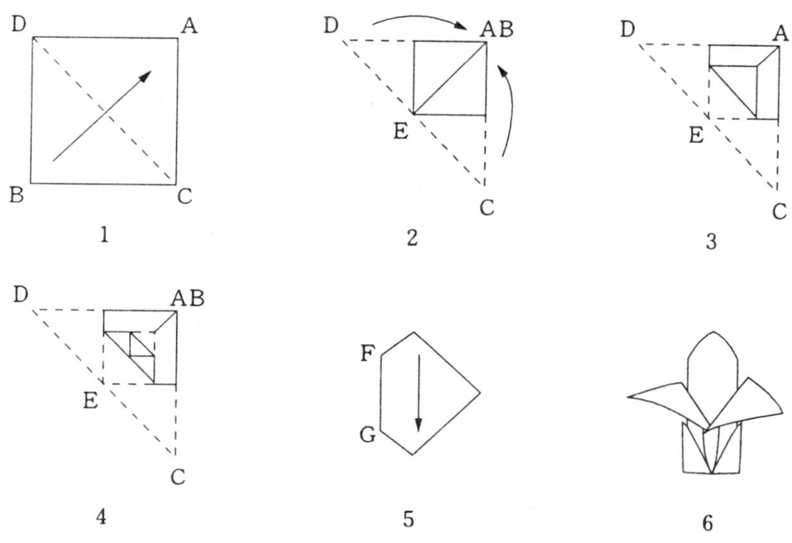

3) 장미모양(The Rose center piece)

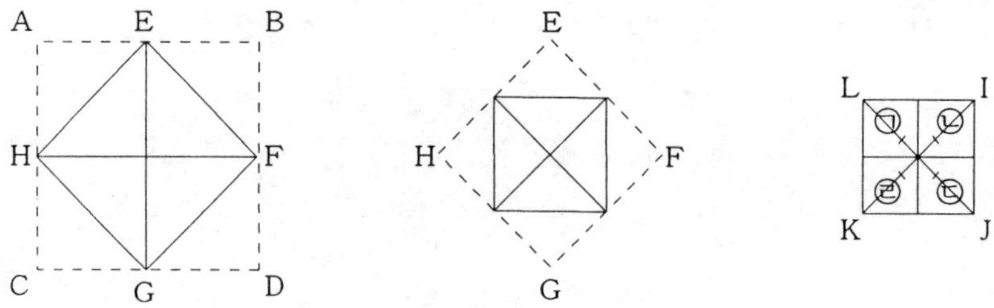

1 2 3

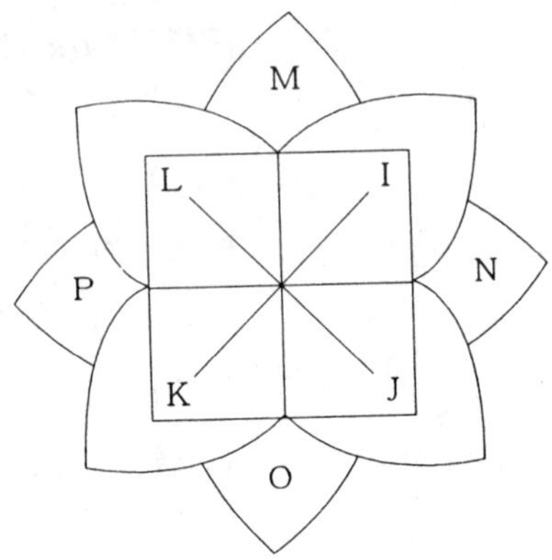

① 4개의 모서리(A, B, C)를 중심을 향해 접고 다시 생기는 4개의 모서리(E, F, G, H)를 중심을 향해 접는다.

② 냅킨을 뒤집어 다시 4개의 모서리를 중심을 향해 접으면 다시 4군데의 모서리가 생기는데(I, J, K, L) 중심에서 각 모서리의 1/3되는 지점인 ㉠, ㉡, ㉢, ㉣을 왼손가락으로 고정시킨 후 오른손으로 각 모서리(I, J, K, L) 뒷면에 생기는 가락을 잡아당겨 옆으로 꽃잎처럼 빼낸다.

③ M, N, O, P 점 뒤의 자락도 위로 끌어올리면서 잡아당긴다.

4) 비둘기모양(The Dove)

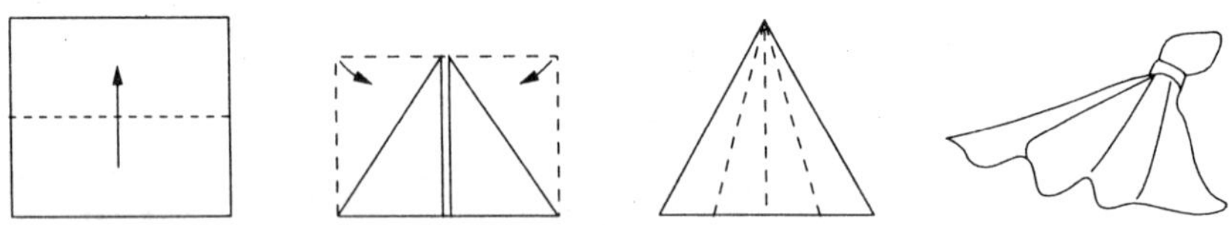

1 2 3 4

① 냅킨을 반으로 접는다.

② 왼쪽과 오른쪽을 삼각형으로 만들기 위해 안쪽으로 접는다.

③ 냅킨을 뒤집어 점 A를 중심점으로 하여 3개의 주름을 만든다.
④ 냅킨 링을 주름꼭지에 끼운다.

5) 방패모양

① 2장의 냅킨을 포갠 후 위에 있는 냅킨을 점 A, B가 맞닿도록 접는다.
② 냅킨의 윗부분 삼각형을 3등분하여 각 모서리를 뒤로 제쳐 내린다. 그림 2와 같이 약간씩 차이를 두고 접는다.
③ 점선 양쪽 바깥부분을 뒤로 접어 그림 3과 같이 식기를 넣는다.

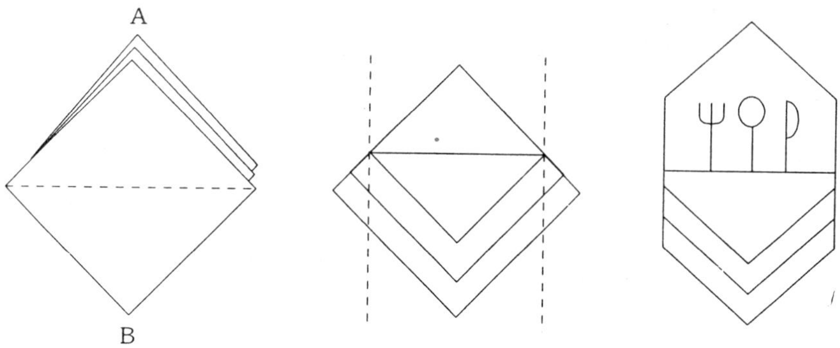

1 2 3

6) 추기경 모자모양

① A가 B에 맞닿게 CD를 접는다.
② CD를 AB에 닿도록 접는다.
③ 냅킨을 뒤집은 후 E를 AB를 향해 약 2/3 접어올린 후 다시 아래로 1/2 접어 내린다.
④ F를 G쪽으로 감아 모서리를 맞춘 후 끝을 끼워 넣는다.
⑤ 냅킨을 세워서 끝이 비스듬히 되도록 깃을 세운다.

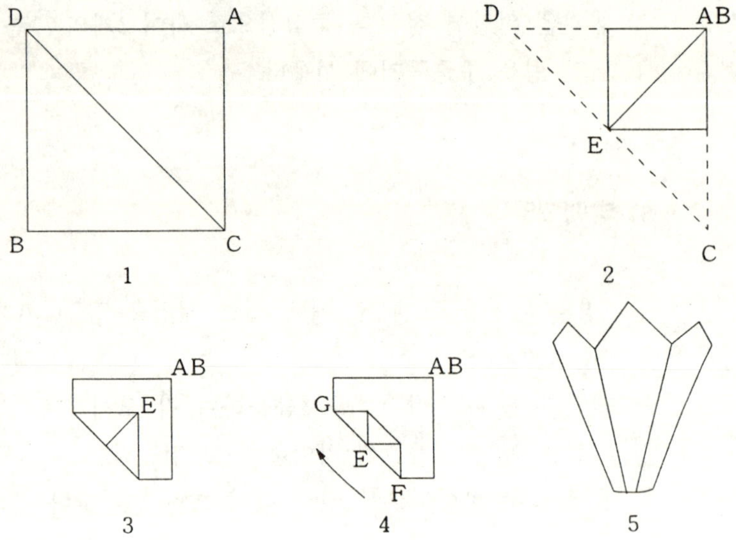

7) 백합꽃 모양(The Fleur de Lis)

① 4개의 모서리(A, B, C, D)를 중심을 향해 접고 다시 E와 F가 맞닿도록 접는다.

② G를 H쪽으로 접는다.

③ I점을 한 면으로 하여 바깥쪽 양쪽으로 접는다.

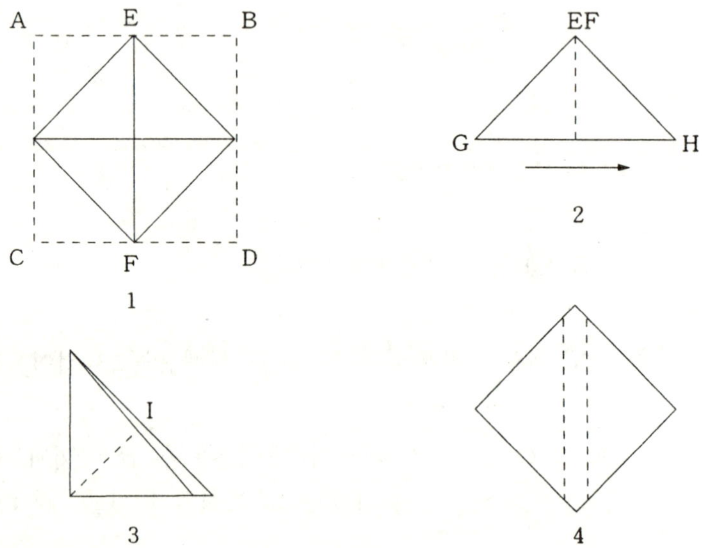

8) 소맷부리 모양(The Cuffed Roll)

① AB가 밑으로 향하게 CD를 접는다.
② 냅킨을 뒤집은 후 DF를 CE를 향해 감는다.

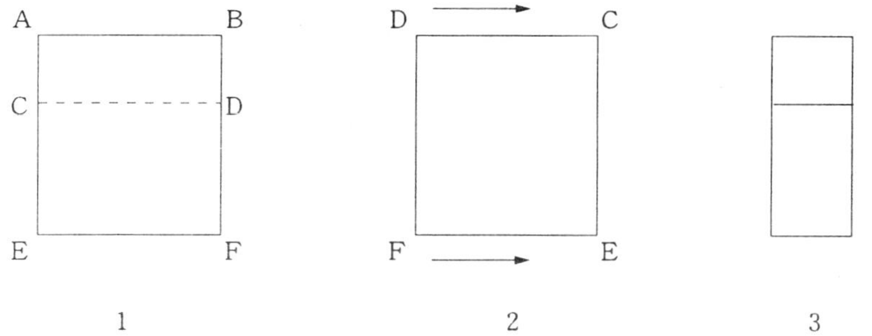

9) 고깔모자 모양(The Cocked Hat)

① 직사각형의 냅킨을 1/2로 접고 냅킨 중앙을 향해 오른쪽의 1/3을 접는다.
② C를 오른손으로 AB변쪽으로 1인치 정도 남기고 밑으로 감는다.
③ 왼손으로 D를 돌리고 E점과 F점을 감아 올린다.

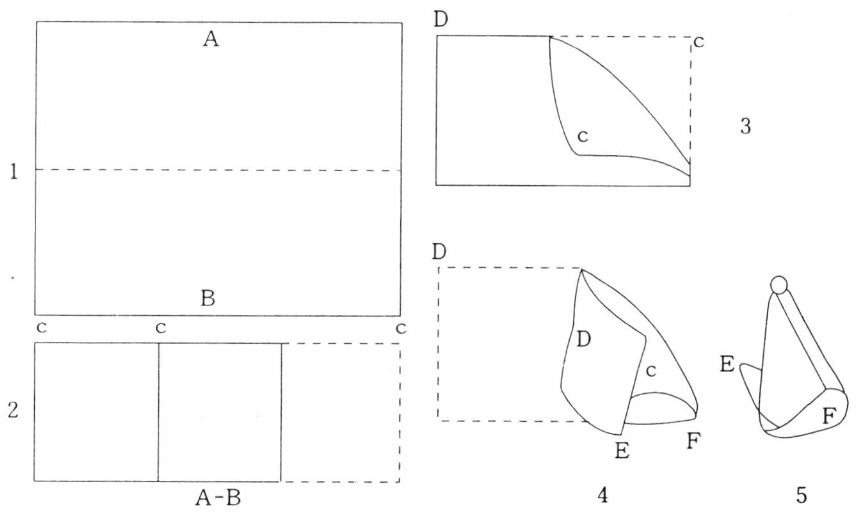

PART V

테이블 세팅

1. 테이블 세팅 방법
2. 테이블 세팅의 종류

1. 테이블 세팅 방법

Table setting이란 식사의 제공에 필요한 일체의 준비로서 식사에 필요한 식기류를 비롯한 table cloth, 의자, 사이드 테이블 등의 모든 기물류를 비치하는 것을 말하며 식사의 종류에 따라 세팅하는 기물이 다르고 호텔에 따라서도 조금씩 다르다.

1) Table 준비

Table은 고객이 식사를 하는데 있어 가장 중요한 시설로서 항상 튼튼히 고정되어야 하며 의자 또는 흔들리지 않도록 철저히 점검해야 한다.

테이블과 의자에는 여러 가지 종류가 있다. 테이블은 크게 구분해서 원형, 정사각형, 직사각형의 테이블이 있으며, 레스토랑에서는 주로 2인용 테이블과 4인용 테이블을 사용하고 있다. 테이블의 높이는 국제규격으로 보통 70~75cm가 표준이며, 의자의 경우 고객이 식사하기에 아무런 불편이 없는 의자를 배치해야 한다. 의자의 높이는 보통 40~50cm이며 넓이는 50~50cm가 적당하다.

고객이 앉기 전에 테이블과 의자를 배치할 경우에는 테이블과 의자의 간격이 너무 넓다거나 좁게 하지 말고 고객이 앉기에 편리하게 배치해야 한다. 식탁과 의자가 차지하는 넓이는 보통 2.3×2.3cm가 가장 적당한 간격이다.

(1) Under cloth

Silence cloth 혹은 table pad라고도 하며 식탁위에서의 모든 소음을 줄여주고 table cloth의 수명연장과 움직이지 않도록 고정시켜 주는 역할을 한다. Under cloth는 겉에서는 보이지 않아야 한다.

(2) Table cloth

Table cloth는 약 1000년 전 프랑스와 영국에서 사용하기 시작했다고 전해지며 19C 직물업의 발달에 따라 일반화되기 시작했다.

원래 흰색의 바둑무늬 직물(아마로 만든 무늬있는 린넨)을 사용하는 것이 원칙이지만, 요즈음에는 여러 가지 유형, 다양한 색상으로 사용하는 경향이 많아졌다.

테이블 클로스는 깨끗하게 다림질이 되어야 하며, 클로스를 깔 때에는 접었던 선이 식탁의 가로, 세로와 평행이 되도록 하여야 한다. 이때 테이블에서 늘어지는 클로스의 길이는 40cm 정도가 되게 한다.

(3) Top cloth

Table cloth 위에 테이블 표면적과 같은 크기의 cloth를 까는데 이것을 top cloth라고 하며 table cloth가 쉽게 더러워지는 것을 방지하고 테이블의 품위를 높여준다.

참 고

테이블 클로스 교체방법

① 테이블이 수평을 유지하고 흔들리지 않는지 점검한다.
② 테이블 위에 먼지나 남아있는 오물을 제거한다.
③ 언더 클로스를 테이블 위에 깐다.
④ 고객이 한번 사용한 테이블인 경우 테이블 위의 집기류를 치운다.
⑤ 교체할 테이블 클로스를 들고 식탁앞에 선다.
⑥ 테이블 위에 깔려있는 사용한 클로스를 테이블 상판 경계선까지 끌어낸 다음 클로스 위에 새로운 클로스를 올려 놓고 손가락으로 양쪽 클로스를 분리시켜 잡고 천천히 끌어 당긴다.
⑦ 톱 클로스를 깐다.
⑧ 테이블 클로스 위에 물을 뿌려 접은 자국이 잘 펴지게 한다.
⑨ 테이블 위에 집기류 등을 올려 놓는다.

(4) 냅킨(napkin)

냅킨은 무릎 위에 올려 놓고 식사 중 음식물에 의해 옷이 더러워지는 것을 방지하기 위해서 사용하는 것이 주목적이나, 이외에도 식사 중 입을 닦거나 또는 식사도중 소스나 버터 등 음식물이 손에 묻었을 때 사용하기도 한다. 따라서 냅킨을 접을 때에는 위생적인 면에서 가급적 손이 많이 가지 않는 방법을 선택하는 것이 좋다.

냅킨은 호텔에 따라서 여러 가지 방법, 색상, 모양 등으로 만들어 사용하는데, 이러한 모양과 색상은 레스토랑을 산뜻하고 고급스러운 분위기로 조성시켜 고객에게 레스토랑의 이미지를 높여주는 역할을 수행하기도 한다.

냅킨은 정성스럽고 단정하게 구겨진 곳이 없도록 접어야 하며, 접은 냅킨을 폈을 때 바느질 자국이 고객 앞쪽으로 향하도록 접어야 한다. 냅킨을 놓는 위치는 밑받침 접시(service plate) 또는 도일리(doily) 위에 놓거나 그대로 식탁 위에 놓는다. 냅킨 접는 방법은 PART Ⅳ에서 설명하였다.

(5) 센터피스(center pieces)

Table 중앙을 장식하기 위한 제반 물건을 말하는 것으로 식탁을 돋보이기 위한 꽃병과 재떨이, 촛대, 소금, 후추병 등이 있으며 과일접시, 쿠키, bread basket 등이 장식되기도 한다.

꽃은 병에 꽂거나 수반을 이용할 수 있으나 꽃의 높이가 너무 높아 상대방의 얼굴을 마주보는데 방해가 되어서는 안된다. 촛대 역시 손님의 대화에 지장을 주는 높이는 피해야 한다. 소금과 후추병은 보통 2~3명에 한 세트씩 세팅하며, 내용물이 차 있어야 하고, 응고되거나 구멍이 막히지 않았는지를 확인한다.

2) Arm towel

서비스 타월 혹은 핸드 타월이라고도 부르며, 접객원이 항상 소지하는 타월로서 냅킨을 3등분해서 왼팔에 걸쳐 사용하며, 테이블에 물을 흘렸을 때나 또는 뜨거운 접시, 요리를 운반할 때, 서비스 플레이트(service plate)에 기물을 담아 운반할 때 미끄러지지 않도록 방지해 주는 등 그 용도는 다양한다.

Arm towel로 테이블 위의 먼지나 음식물 찌꺼기를 치운다든지 청소도구 대용으로 사용해서는 안되며, Arm towel의 사이즈는 보통 40~60cm가 적당하고 재질은 면직류나 마직류로 만들어진다.

3) 도일리(Doily)

손을 닦거나 식탁 위에 세팅한다.

원형 도일리는 음료를 서비스 할 때 밑받침으로 사용되며 꽃병 및 그 밖의 장식용 밑받침으로 사용된다.

4) 에이프런(Apron)

어린이용 냅킨이며 접객원이 서브할 때 많이 착용한다.

불고기와 같은 즉석요리를 제공할 때에 사용한다.

2. 테이블 세팅의 종류

테이블을 꾸밀 때는 우선 고객의 이용목적에 따라 식사와 부수되는 행사에 불편함이 없도록 하며 호텔식당에서 보유하고 있는 물적자원을 상품화로 유도할 수 있도록 하는데 테이블 세팅은 식사의 종류와 식사 형태에 따라 다양한 방법으로 세팅한다.

1) 기본 세팅(Basic setting)

고객 한 사람을 기준으로 해서 가장 기본적으로 갖추게 되는 기물의 세팅을 말하며, 아침식사를 제외한 luncheon이나 dinner을 제공하는 식당에서는 고객에게 정해진 시간에 효과적으로 식사를 제공하기 위해서 사전에 테이블에 세팅을 하는데, 항상 테이블에 기본 차림을 세팅해 놓고 고객을 기다린다.

세팅방법은 먼저 service plate나 냅킨으로 테이블 중앙을 잡아 놓고 왼쪽에는 meat fork, 오른쪽에는 meat knife와 그 옆에 spoon을 배열한다. Fork 위에는 B · B plate를 놓고 butter knife는 B · B plate 위 오른쪽에 meat fork와 나란히 셋업한다.

Service plate 위쪽에 dessert fork와 spoon을 반대 방향으로 나란히 놓으

며, meat fork 윗부분에 butter bowl을 놓고 butter bowl 옆이나 위에 bread basket를 놓는다.

Meat knife 윗쪽에 tumbler 또는 water goblet을 놓으며 그 다음 테이블 중앙부분에 center piece를 놓는다. 일반적으로 coffee나 tea spoon은 세팅하지 않으며, coffee나 tea가 서브될 때 cup saucer에 함께 내놓는 것이 원칙이다.

① Dinner Knife ⑤ Water Goblet ⑨ Dessert Fork
② Dinner Fork ⑥ flower Vase ⑩ Dessert Spoon
③ Butter Knife ⑦ Caster Set ⑪ Service Plate and Napkin
④ B&B Plate ⑧ Ashtray

2) 정식세팅(Table d' hote setting)

정식 테이블 세팅은 레스토랑에 따라서 조금씩 배열하는 방법이 다르다. Service plate를 테이블 중앙에 놓고 오른쪽에 knife를 놓는다. 배열순서는 service plate쪽으로부터 meat knife, fish knife, soup spoon, hord D' oeuvre knife의 순서로 배열하고 이때 knife의 날은 안쪽으로 향하게 놓는다. 왼쪽에는 service plate쪽으로부터 meat fork, salad fork, fish fork, hous d' oeuvre fork 순으로 배열한다.

B · B plate(bread & butter plate)는 fork 옆 약간 위쪽에 놓고 butter knife는 B · B plate 위 오른쪽의 meat fork와 나란히 셋업한다. Meat fork

윗부분에 butter bowl을 놓는다. Dessert fork와 spoon은 service plate 윗쪽에 놓고 fork의 손잡이는 왼쪽방향, spoon의 손잡이는 오른쪽 방향을 향하게 해서 놓으면 된다. Dessert에 필요한 spoon과 fork는 hot sweet dessert에 사용하는 것으로 dessert가 제공되기 직전에 접객원이 spoon은 오른쪽, fork는 왼쪽으로 나란히 내려놓으면 고객이 사용하기 편리하다.

① Meat Knife	⑧ Appetizer Fork	⑮ Flower Vase
② Meat Fork	⑨ Butter Knife	⑯ Caster Set
③ Fish Knife	⑩ B&B Plate	⑰ Ashtray
④ Salad Fork	⑪ Water Goblet	⑱ Service Plate
⑤ Soup Spoon	⑫ White Wine Glass	⑲ Napkin
⑥ Fish Fork	⑬ Red Wine Glass	⑳ Dessert Fork
⑦ Appetizer Knife	⑭ Champagne Glass	㉑ Dessert Spoon

3) 조식세팅(Breakfast setting)

조식은 주로 간단하게 제공되기 때문에 table에 조식 제공에 필요한 기물만을 세팅하면 된다. 먼저 냅킨(napkin)이나 도일리(doily)로 테이블의 중앙을 잡고 왼쪽에 meat fork을 놓고 오른쪽에 meat knife를 놓는다. Fork 옆 윗쪽에 B · B plate를 놓고 그 plate 위에 butter knife를 올려 놓는다.

Knife 옆에는 커피컵과 접시(coffee cup & saucer)를 놓고 saucer 위에 tea spoon을 놓는다. Meat knife 위에 water glass를 놓고 테이블 윗쪽에 caster set를 놓는다.

① Table Knife	⑤ Water Goblet	⑨ Caster Set
② Table Fork	⑥ Coffee Cup&Saucer	⑩ Ashtray
③ Butter Knife	⑦ Coffee Spoon	⑪ Napkin
④ B&B Plate	⑧ Flower Vase	

4) 일품요리 세팅(A La carte setting)

참 고

Table setting의 순서와 요령

레스토랑의 서비스는 각각 특징이 있다. 이 특징을 잘 살리면서 고객을 성의있게 모시기 위해서는 기본여건이 제대로 구비되어야 하는데 이를 뒷받침할 수 있는 것은 레스토랑의 장식과 분위기 및 서비스 상황으로 볼 수 있다. 제일 먼저 고려할 사항인 table setting의 순서와 요령은 다음과 같다.

① 식탁과 의자를 점검한다.
② 테이블 클로스를 편다.
③ 센터 피스(center pieces), 꽃병(flower vase), 소금과 후추(salt & pepper shaker), 재떨이(ashtray)를 놓는다.
④ 쇼 플레이트(show plate)를 table 끝에서 1cm 정도 위로 놓는데 이렇게 해야 고객이 착석할 때 옷깃이 닿지 않는다.
⑤ 빵 접시(show plate)는 왼손으로 빵을 먹기 편하도록 fork의 왼쪽에 약간 올려서 놓는다.
⑥ 디너 나이프와 포크(dinner knife & fork)는 칼날이 안쪽으로 향하게 하며 show plate dhfmsWHr에 놓으면 fork는 왼쪽에 놓는다.
⑦ 피시 나이프와 포크(fish knife & fork)를 놓는다.
⑧ 수프 스푼과 샐러드 포크(soup spoon & sald fork)를 놓는다.
⑨ 애피타이저 나이프와 포크(appetizer knife & fork)를 놓는다.
⑩ 버터 나이프(butter knife)를 bread plate 위 1/4 직접 오른쪽에 fork의 방향과 동일하게 놓는다.
⑪ 디저트 스푼과 포크(dessert spoon & fork)를 show plate 위쪽에 놓는데 spoon은 fork의 위쪽에 손잡이를 오른족으로 놓으며 fork의 손잡이는 왼쪽으로 향하게 한다.
⑫ 물잔과 포도주잔(water goblet, white & red wine glass)을 dinner knife의 칼날 끝부분의 1.5~2cm 위에 놓는다.
⑬ 냅킨(napkin)을 편다. 일반적으로 show plate 위에 펼쳐 놓는다.
⑭ 전체적인 조화와 균형을 점검한다.

이 밖에 재떨이(ashtray), 촛대, 꽃병 등은 모두 중앙에 놓으며 tent menu나 예약 tag 등도 쉽게 읽고 볼 수 있도록 table 중앙부에 가지런히 놓는다.

PART VI

메뉴관리

1. 메뉴의 정의
2. 메뉴계획
3. 메뉴의 분류

1. 메뉴의 정의

메뉴는 우리말로 '차림표' 또는 '식단'이라고 부르며, carte, bill of fair, minita 등으로 불리기도 하는데, 그 어원은 라틴어의 minutus로서 요리 하나하나에 대해 상세히 기록해 놓은 것이라는 뜻이다.

최근 레스토랑의 메뉴를 보면 화려하고 특색있는 메뉴를 작성하여 업장에 비치하고 있는데 요리명과 가격은 물론이고 요리에 대한 설명을 써넣기도 하며 요리의 사진을 넣기도 한다.

이러한 오늘날의 메뉴에 대한 정의를 내리자면 '고객이 알기 쉽도록 식음료의 품목과 가격을 작성·기록하여 고객이 주문할 때 필요한 정보를 제공하는 차림표'라고 할 수 있는데 그 역할은 다음과 같다.

첫째, 메뉴는 레스토랑의 개성을 표현하고 이미지를 만든다. 메뉴에는 품목, 특별요리, 가격 등이 기재되어 있다. 최근에는 서비스 방법까지도 상세하게 기록한 메뉴도 있으며 그것에 의해 레스토랑의 특징 또는 개성을 표현하고 레스토랑의 이미지를 만든다.

둘째, 메뉴에는 레스토랑의 경영방침이 함축되어 있다. 즉 메뉴가 기초가 되어 레스토랑의 주방시설, 접객업수, 재료선택과 원료구입 등이 결정된다. 따라서 타 식당의 것을 모방해서 만든다든지 또는 적당히 만들어서는 안되며 레스토랑의 경영방침을 기초로 해서 메뉴작성이 이루어져야 한다.

셋째, 메뉴는 고객과 고객원간에 마음을 연결시켜 주는 역할을 수행한다. 고객은 메뉴를 보고 요리를 주문하지만, 접객원은 그 메뉴를 고객에게 건네주고 고객이 요리를 선택하기까지 기다리는 것만은 아니다. 메뉴를 보고 주문을 망설이는 고객에게 접객원은 메뉴를 통해서 고객에게 요리를 권유하기도 한다. 이때 접객원은 자신을 가지고 요리를 권유하게 되면 고객은 그 요리에 대해서 호감을 가지고 주문을 하게 되며, 이때부터 본격적인 서비스가 시작된다. 이렇듯 고객과 접객원간에 마음을 연결시켜 주는 것 또한 메뉴가 가지고 있는 기본적인 역할이다.

넷째, 메뉴는 요리를 연결하는 재료이다. 메뉴는 레스토랑 이용객의 기호를 가르쳐 준다. 주문이 많은 요리와 그렇지 않은 요리를 분석함으로써 고객의 기호를 판단하고 그것을 기초로 하여 요리를 연구하고 메뉴를 개정할 수가 있다.

2. 메뉴관리

레스토랑의 특성과 분위기를 창출하는 도구로서의 역할을 하는 메뉴계획은 고객의 필요와 욕구, 그리고 조직의 목표를 평가한 후에 행해야 하는 단계로서 그 주방의 책임자 또는 요리장의 책임하에 이루어져야 하며, 조리사들은 이 메뉴에 의하여 그때 그때의 요리를 조리하게 되는데, 특히 데일리 메뉴(daily menu)는 1년간을 통해서 계절별, 월별, 요일별, 조주석별 및 명절 등에 따라서 고려되어야 한다. 특히 잊어서는 안될 것은 재료재고의 유무와 조달가능성을 잘 검토해서 그때 그때의 메뉴를 구성해야 한다는 것이다.

성공적인 메뉴가 되려면 우선 판매 목표시장을 선정하고 고객의 욕

참 고

메뉴계획의 기본적 조건

① 고객의 욕구파악 : 메뉴가 누구를 대상으로 계획되고 있으며, 그들이 좋아하는 것이 무엇인가를 분석하여야 한다. 그러기 위해서는 시장조사가 선행되어야 할 것이다.

② 식재료의 구입여부 : 메뉴계획자는 메뉴에 사용되는 식재료가 무엇인가를 알고 구입이 가능한 품목과 현재 보유하고 있는 재고품목을 활용할 수 있도록 하며, 재료를 구입하는 사람은 시장조건에 대한 정보를 메뉴계획자에게 제공하여야 한다.

③ 원가와 수익성 : 아무리 좋은 메뉴라도 원가가 높은 식품들로 구성되어 고객에게 부담이 클 경우 그 메뉴는 실제로 사용이 불가능할 것이다. 메뉴계획자는 항상 원가의 목표율을 염두에 두고 계획함으로써 적절한 이윤을 얻음과 동시에 매출도 늘릴 수 있을 것이다.

④ 조리기구 및 시설의 수용능력 : 메뉴계획자는 주방에서 사용가능한 조리기구와 시설, 인력의 한계를 감안하여 계획에 임하여야 한다.

⑤ 다양성과 매력성 : 고객의 선택의 폭을 넓히기 위해 다양한 품목을 갖추어야 하며, 호기심과 식욕을 돋굴 수 있는 매력이 있어야 한다.

⑥ 영양적 요소 : 영양적 요소에 대한 고객들의 관심이 점점 높아지므로, 건강식에 대한 깊은 배려가 있어야 한다.

구를 충족시킬 수 있을 만한 내용과 외양을 갖추어야 한다. 즉, 판매시점에서의 고객욕구는 물론 미래 고객, 고객의 환경까지도 면밀히 검토하여 작성되어져야 하며, 또한 메뉴계획은 그 메뉴로 인하여 레스토랑의 광고와 선전효과까지도 고려하여 계획·작성되어져야 한다.

3. 메뉴의 분류

1) 요리 내용에 의한 분류

(1) Table d' hote menu

"Table of host"를 뜻하는 것으로 오늘날의 숙박기능을 하는 여인숙이나 여관에서 유래되었다고 한다. 즉, 여관이나 여인숙에 숙박하는 고객을 위해서 제공된 식사로 정해진 가격에 투숙한 고객에게 똑같은 내용의 음식을 제공한 것인데, 이것이 관습이 되어 일정 코스의 식사를 Table d' hote 라 부르게 되었고 지금까지도 정식을 table d' hote라 부르고 있다.

이 메뉴는 아침, 점심, 저녁, 연회 등 어느 때든지 사용할 수 있으며, 식사요금도 한끼 분으로 표시되어 있어 고객의 선택 또한 용이하다 할 수 있다.

정식메뉴는 정해진 코스로 제공되는 것으로 매일매일 변화있게 작성해야 하나, 계절과 재료 구입의 한계로 메뉴가 반복되는 경우도 많다. 따라서 정식메뉴는 주기적으로 새로운 메뉴를 작성하여 고객의 기대와 호기심을 충족시켜 주며 고객이 다시 방문하여 즐길 수 있도록 작성되어져야 하며, 정식 메뉴 코스에는 전채요리, 수프, 생선요리, 육류요리, 로스트, 야채, 디저트, 음료 등의 순서로 구성되어져 있다.

정식메뉴는 여러 가지 메뉴가 세트로 되어 있기 때문에 가격이 저렴하고 고객이 메뉴를 선택하기가 용이하다. 또 재료의 대량구입으로 원가가 낮아지고 조리과정이나 서브가 일정하여 인력이 절감되며, 신속하고 능률적인 서비스를 할 수 있다. 그리고 가격이 고정되어 회계가 쉽고 매출액이 높은 관계로 고급 레스토랑이 아닌 중저급 레스토랑에서 많이 이용되고 있다.

(2) A la carte

품목 하나하나에 각각 가격이 정해져 있어 고객이 선택한 품목에 대한 가격만을 지불하면 되고 자신이 좋아하는 요리만 선택할 수 있다.

주로 고급의 레스토랑에서 많이 이용되는 메뉴의 구성은 정식 메뉴 순으로 구성하여 각 코스별로 여러 가지 종류를 나열해 놓고, 고객으로 하여금 각자의 기호에 맞는 요리를 선택하여 먹을 수 있도록 만들어 놓았다.

이 메뉴는 한번 작성되면 장기간 사용하게 되므로 요리준비나 재료 구입업무에 있어서는 단순화되어 능률적이라 할 수 있으나, 원가상승에 의해 이익이 줄어들 수도 있고, 단골 고객에게는 신선한 매력이나 맛을 느낄 수 없게 되어 판매량이 줄어들 수 있으므로 고객의 호응도를 감안하여 새로운 메뉴계획을 꾸준히 시도해야만 하고 가격이 비싸다는 단점이 있다.

(3) 일일메뉴(Daily special menu)

전날 판매하고 남은 재료를 이용하기 위하여 또는 계절식품을 싸게 구입하여 매출을 향상시키기 위해서 주방장의 아이디어와 기술이 가미되어 만든 특별요리로서, 주방의 재고품 판매를 감안하여 매일매일 다른 요리를 만들어 판매하는 메뉴이다.

(4) 특별메뉴(Special menu)

이것은 기념일이나 명절과 같은 특별한 날이나 계절과 장소에 따라 그 감각에 어울리는 산뜻하고 입맛을 돋구게 하는 메뉴이다.

특별메뉴를 사용함으로써,

첫째, 매일매일 준비된 상품으로 신속한 서비스를 할 수 있고,

둘째, 재료의 재고품 판매를 꾀할 수 있으며,

셋째, 고객의 선택을 흥미롭게 할 수 있고,

넷째, 매출액을 증진시킬 수 있다.

(5) Combination menu

Table d' hote menu와 a la carte menu의 장점만을 혼합한 메뉴로 최근

들어 많이 선호되어지는 메뉴이다. Set menu, clip-on 또는 tip-on menu 등이 있으며 item의 portion과 내용의 구성을 통하여 고객의 식사패턴의 변화에 유연하게 대처할 수 있고, 일품요리와 정식요리의 혼합으로 average check을 높일 수 있으며, 고객의 측면에서 선택의 폭이 넓다는 장점이 있다.

어느 레스토랑에서나 적합한 메뉴로 현재의 호텔 레스토랑의 메뉴는 거의 이런 방식을 채택하고 있다.

(6) 뷔페(Buffet)

일정한 요금을 지급하고 기호에 따라 이미 준비된 음식을 먹을 수 있는 self-service 식사이다. 그러나 음료나 술은 별도 계산을 하도록 되어 있다. 뷔페는 두 가지로 구분되는데, 일정하게 예약된 인원(연회, 각종 행사)을 위하여 준비된 재료를 제공하는 closed buffet와 불특정 다수의 고객(일반 뷔페 식당)을 대상으로 준비되는 open buffet가 있다.

2) 식사시간에 의한 분류

(1) 아침식사(Breakfast)

조식은 하루에 처음 제공되는 식사이며, 이 식사서비스가 그날을 즐겁게 또는 기분을 상하게도 할 수 있다는 점에서 세심한 주의를 요하는데 훌륭한 레스토랑이라고 말하여 지는 곳은 특히 아침고객을 얼마나 즐겁게 맞이하는가에 따라서 평가받는다.

빅토리아시대의 조식은 주음식이 스테이크, 고기다진 것, 뼈가 붙은 고기 등을 제공하였으나, 근간에는 서양에서보다 음식을 간단하게 먹는 경향이 전해져 미국과 영국을 시발점으로 전세계로 점차 경향이 확대되어 가고 있다.

런던과 같은 도시에서는 호텔요금이 오직 개실요금이나 콘티넨탈조식을 포함한 요금이 성행하고 있으며, 이는 점차 지방으로 확산되고 있으나, 조식은 객실요금과 따로 지급하는 형식이 보다 넓게 이용되고 있다.

① 미국식 조식(american breakfast) : 계란요리를 중심으로 해서 가벼운 음식이 다양하게 제공되는 식사로 계절과일, 주스류, 시리얼, 계란요리, 케이크류, 음료, 빵, 커피 등이 제공되며, 계란요리를 주문할 때에는 햄, 베이컨, 소시지 등이 곁들여 제공되므로 주문시에 착오가 없도록 주의해야 한다.

② 대륙식 조식(continental breakfast) : 유럽식 조정식이라고 하는 대륙식 조정식(continental breakfast)은 계란, 육류가 서브되지 않는 조정식의 형태로서, 시간에 쫓기는 고객을 위해서 주스, 커피, 빵 정도로 간단하게 제공되는 식사이다. 호텔 경영방식에서 대륙식 플랜(continental plan)에 의한 객실요금에는 이 대륙식 조정식(continental breakfast) 요금이 포함되어 있다.

③ 영국식 조식 : American breakfast와 같으나 육류를 제하고 생선요리가 추가되는 아침식사이다.

④ 조식 뷔페 : 주스류, 계란요리, 케이크, 빵, 곡물류, 샐러드, 과일, 음료 등을 테이블 위에 진열해 놓고 고객이 기호에 맞는 음식을 선택해 먹도록 하는 아침식사이다.

⑤ 비엔나식 조식(Vienna breakfast) : 계란요리와 롤(roll) 정도에 커피가 제공되는 식사를 말한다.

이상과 같은 조식에 있어서 최근 호텔에서는 예외없이 매상을 증진하기 위해서 룸서비스에 많은 노력을 기울이고 있다. 일반적으로 호텔식당에서 조식을 드는 고객은 전야 숙박객의 반정도밖에 되지 않는다고 한다. 이것은 수용능력, 영업시간, 조기출발, 심야도착 등 여러 가지 원인도 있으나 대개의 경우 아침시간에 식당에서 식사를 하지 않고 객실에서 룸서비스에 시켜서 먹는 경향이 많아지고 있다.

(2) 브런치(Brunch)

아침과 점심이 병용된 식사형태로서, breakfast의 'Br'과 lunch의 'unch'가 조합되어 만들어진 새로운 용어이다. 도시를 방문하는 관광객들이 밤늦게 호텔에 도착하여 아침늦게 일어나 아침식사 시간이 끝난 후 식사를 요청한다던가, 아침식사를 먹지 않고 출근한 현대 생활인이 점심

식사를 기다리지 못하고 아침과 점심 사이에 먹는 식사를 brunch라고 하며 브런치 서비스를 하는 식당에는 보통 'Brunch is availabe'라는 간판을 거는 것이 상례이다.

(3) 런치(Lunch, Luncheon)

주식의 명칭이며, 영국에서는 간단한 점심을 Tiffin이라 한다. 이것은 대개 정식의 메뉴로 구성되지만 내용적으로는 정찬보다는 간단한 약식 식사로 대개 3~4개 코스인 soup, entree, dessert, coffee 등으로 되어 있으며 정오때부터 시작된다.

(4) 오후다과(Afternoon tea or tea time)

이것은 전통적인 영국의 음식습관으로서 유명한 밀크티(milk tea)와 시나몬 토스트(cinnamon toast)로 간단하게 하는 것이며, 지금은 세계 각처의 오후 티타임(tea time)에는 식당에서 이러한 간식을 판매하고 있다.

(5) 저녁식사(dinner)

하루의 식사 중 가장 화려하고 맛있는 식사라고 할 수 있으며, 내용적으로나 시간적으로는 질 좋은 재료를 사용하여 충분한 시간을 갖고 요리한다.

일반적으로 디너는 5~6가지 코스로 제공하며 이러한 정찬식사에 어울리는 와인이나 알코올 음료를 곁들이는 것이 통상이다.

정식 디너코스에는 생선과 로스트(roast)를 추가하기도 한다.

(6) 서퍼(Supper)

요즘은 늦은 저녁의 밤참을 칭하나 원래를 격식 높은 정식만찬이었다. 주로 저녁 늦게 끝나는 행사 후의 식사로서 부담되지 않는 가벼운 음식을 2~3가지 코스로 구성하여 제공한다.

3) 제공되는 기간에 의한 분류

(1) 고정메뉴

일정기간동안 반복하여 제공·판매하는 메뉴로 원가가 절감되고 생산성이 높아진다. 또 메뉴의 관리가 용이하며 신속한 생산과 서비스로 좌석 회전율을 높일 수 있다.

(2) Cycle menu

일정한 간격을 두고 주기적으로 품목을 바꿔 제공하는 메뉴로 주로 단체급식에 많이 사용하는데 고정메뉴가 권태롭고 계절변화에 따른 융통성이 결여된 단점이 있는 반면 cycle menu는 계절별, 월별로 변화있는 메뉴를 구성할 수 있다.

PART VII

서비스 제공의 실제

1. 테이블 정리
2. 중앙세팅정리
3. 인사
4. 안내
5. 착석
6. 주문받기
7. Order 내기
8. 요리의 제공
9. 계산
10. 배웅인사

식당의 종류와 크기에 따라 서비스의 형태와 안내요령이 다르겠지만 일반적으로 헤드웨이터와 그리트레스 등 지정된 한 두명이 고객을 영접하고 식탁으로 안내한다.

1. 테이블 정리

테이블이 깨끗이 채워지지 않고 셋업(set-up)이 완료되지 않은 테이블에 고객을 모셔서는 안되며 적절한 서비스를 받을 수 있는 테이블이 빌 때까지 고객으로 하여금 기다리게 하는 편이 좋다.

1) 테이블 클로스 깔기

식탁보는 레스토랑의 전체 분위기에 큰 영향을 주므로 항상 깨끗함을 유지하도록 한다.

참 고

기본 순서

① 접은 식탁보를 테이블 중앙에 놓는다.
② 식탁보를 3단계로 해서 양쪽 단이 자신을 향하도록 테이블 위에 편다.
③ 가운데 주름과 첫 번째 단을 집게와 가운데 손가락으로 잡는다.
④ 손목을 가볍게 움직여서 하단이 테이블 끝쪽으로 펼쳐지게 한다.
⑤ 나머지 단을 엄지와 집게 손가락으로 잡고 가운뎃손가락으로 단과 가운데 주름을 같이 잡는다.
⑥ 하단을 앞쪽으로 당기면서 가운데 주름을 놓는다. 그러면 식탁보가 펴지면서 가운데 주름이 위쪽을 향하게 된다.
⑦ 식탁보를 똑바로 펴고 중앙을 잘 맞춘 후 테이블 옆으로 25cm 정도 늘어지게 끝을 잘 조정한다.

2) 식탁보 교체

식사 도중에 식탁보가 더러워지게 되면 즉시 교체해 주는 것이 좋으며 주변 고객의 시선을 끌지 않도록 조용하게 진행한다.

2. 중앙세팅정리

중앙세팅에는 소금, 후추통, 재떨이, 성냥, 램프 등이 포함되는데, 레스토랑 전체 분위기와 조화를 이루도록 해야 하며 기능적으로 배열해야 한다.

(1) 꽃병

꽃은 신선하고 이상이 없어야 하며, 꽃병은 깨끗하고 깨진 부분이 없어야 되고 물이 있어야 한다.

(2) 램프

램프는 깨끗하고 깨진 부분이 없고, 양초는 알맞은 높이에서 환하게 비춰야 한다.

(3) 재떨이와 성냥박스

각 테이블마다 성냥이 채워진 성냥박스가 놓여져야 한다. 성냥박스는 닫힌 상태에서 잘 놓아야 하며, 또한 재떨이는 깨끗하고 상태가 좋아야 한다.

(4) 소금 및 후추통

통이 채워져 있고 깨끗하고 윤이 나야 한다.

3. 인사(Greeting)

Manager, supervisor 또는 greetress가 항시 입구에 stand by하여 밝은 미소와 함께 아침, 점심, 저녁 등으로 구분한 적절한 인사말을 하며, 고객의 국적을 알 경우 그 나라의 언어로 대화할 수 있으면 좋고 고객의 성함을 물어 그 직함을 이용하는 것이 좋다.

"안녕하십니까?", "사장님 어서오십시오!"

4. 안내(Escorting)

고객의 인원 수 외 예약여부를 확인한 후 지정된 좌석이나 적당한 좌석으로 안내한다. 배정할 테이블이 없을 경우엔 대기좌석이나 칵테일 코너에서 대기하도록 정중하게 말씀드리고 웨이팅 리스트(wating list)에 순서를 기입한 후 빈 테이블이 생길 때 순서에 따라 좌석을 배정하면 된다.

"예약하셨습니까?", "제가 안내해드리겠습니다."

5. 착석(Seating)

테이블에 도착하면 고객이 들어가기 편하도록 의자를 빼주는데, 노약자, 어린이, 여성 순으로 의자 1보 뒤에 서서 고객이 의자앞에 충분히 설 수 있도록 의자를 뺀 후 착석시 오른쪽 무릎과 두 손을 이용하여 가볍게 밀며 고객이 편안한 자세를 잡을 때까지 의자를 도와준다.

"즐거운 시간 되십시오."

6. 주문받기(Order taking)

고객의 착석이 완료되면 메뉴를 드리고 테이블에 새 손님이 오셨다는 신호를 담당 캡틴에게 알린다.

주문받기는 보통 캡틴이 받는 것을 원칙으로 하나 레스토랑에 따라서 웨이터가 주문을 받을 수도 있는데 단순히 고객의 요청에 대한 수동적인 태도여서는 안되며 전문적인 세일즈맨이라는 입장에서 메뉴에 대한 풍부한 지식과 판매요령을 습득하고 고객의 형편을 잘 파악하여 고객의 체면과 경제사정에 맞고 식당의 이윤추구에도 효과적인 요리를 주문하도록 권유하여야 한다.

1) 메뉴제공

고객이 테이블 좌석에 착석하면 캡틴은 테이블 위에 놓여 있는 냅킨을 풀어 고객에게 공손히 제공한 후, 메뉴를 가지고 온 다음 고객의 왼쪽에서 두 손으로 메뉴를 열지 않고 그대로 고객에게 제시한다. 메뉴를 제시할 때에는 여성 고객에게 먼저, 그리고 주빈의 왼쪽 고객으로부터 시계방향으로 돌면서 제시한다.

메뉴를 제시할 때 주의사항은 다음과 같다.

① 메뉴를 가지고 갈 때에는 반드시 고객수를 확인한 후 적당한 수만큼의 메뉴를 가지고 간다.
② 메뉴를 고객에게 제공하면 고객이 요리를 선택할 수 있는 시간적 여유를 가지고 한동안 테이블에서 떠나 있도록 한다.
③ 많은 고객이 동행할 때에는 적당한 시간적 여유를 두고서 메뉴를 제공한다.
④ 고객 앞에 바싹 다가가 메뉴를 제공하는 자세는 가급적 피하는 것이 좋다.
⑤ 메뉴는 레스토랑의 얼굴이라 할 수 있기 때문에 항상 깨끗한 메뉴를 준비해야 한다.
⑥ 접객원은 메뉴 내용을 완전히 숙지하여야 하며, 고객이 어떠한 내용을 물어 보아도 곧바로 응답할 수 있도록 해야 한다.

2) 물 서비스

물을 고객에게 서브할 때에는 water pitcher를 주로 사용하는데, water pitcher에는 차가운 물이 들어 있기 때문에 pitcher에 물방울이 맺혀 있는 경우가 있다. 그 물방울이 테이블에 떨어지게 하거나 또는 고객의 옷에 떨어지지 않도록 타월로 물방울을 닦아 고객의 오른쪽에서 오른손으로 글라스에 pitcher가 닿지 않도록 하여 글라스의 4/5 정도까지 조용하게 글라스에 물을 채운다. 이때 주의해야 할 사항은 여성 고객이 있는 경우 여성 고객에게 먼저 서브해야 하며, 글라스에 물이 없을 경우에는 먼저 고객에게 물어본 다음 물을 채우도록 한다.

3) 주 요리 주문

메뉴제공 후 3분 이내에 호스트의 의향을 확인하고 상석부터 다가가 주문을 받는다.

"주문을 하시겠습니까?", "제가 주문을 받아도 되겠습니까?"

참 고

식사주문시 유의할 사항

① 일품요리 메뉴로부터 적절한 식사코스를 만드는 요령, 그 날의 특별요리, 그 요리와 어울리는 음료(주류)나 디저트 종류, 요리와 함께 제공되는 소스 등 메뉴의 전반을 숙지하고 있어 고객에게 설명할 수 있어야 한다.

② 주문시 고기의 익히는 정도, 코스 조절 등을 고려한 조리 소요시간을 알려 고객이 지루하지 않도록 한다.

③ 적은 인원의 주문이라도 메모하면서 주문받는 습관을 갖도록 한다.

④ 디저트(dessert) 주문의 경우 식사주문시 함께 받는 경우도 있으나 마지막 코스를 제공하기 전에 권유하는 것이 좋으며, 그날 준비된 디저트를 고객에게 설명한 후 고객이 선택할 수 있도록 해야 한다.

⑤ 원하는 품목을 정확히 주문받고 망설이는 고객에게 적절히 추천하여 상품판매량을 증가시킬 수 있도록 한다.

4) 음료 주문

식사주문이 끝나면 손님 왼쪽으로 와인 리스트를 제시하고 식전 음료와 식사에 알맞는 와인을 주문받는다. French red wine의 경우 드시기 최소 한 시간 전에 따 놓아야 하는 것도 있기 때문에 언제 서브할지도 확인한다.

"식사 전에 음료 한 잔 하시겠습니까?"

"주문하신 식사와 잘 어울리는 와인이 있습니다."

7. Order 내기

식음료 주문을 받으면 이를 다시 주방에 요청해야 한다.

방법은 구두 주문과 문서 주문의 두 가지가 있으며 구체적이고 정확한 주문을 하도록 한다.

8. 요리의 제공

음식은 정해진 절차와 방법에 따라 서비스해야 한다.

참 고	**서비스의 기본수칙** 모든 접객원은 고객의 테이블에 다가갈 때 반드시 인사를 하고 서빙해야 하며, 서비스를 할 때에는 양발의 간격을 25~30cm 정도 벌리고 무릎으로 높낮이를 조절하면서 서빙해야 하는데, 음식을 서빙하기 전에 고객의 주문내용에 알맞게 테이블 세팅을 고쳐 놓는다. Table setting 방법은 앞 장에서 설명하였다.

음식을 서빙할 때에는 고객의 오른쪽에서 오른발을 가볍게 테이블 쪽으로 한 발자국 다가서서 고객 앞 테이블 끝에서 약 2~3cm 가량 위쪽으로 소리없이 손바닥으로 밀어 넣는다. 이때 plate에 무늬나 호텔로그가 있는 경우 이 로그가 고객 정면으로 향하도록 놓는다.

모든 식사는 서비스시 고객의 오른쪽에서 오른손으로 서브하고, 빵이나 요리에 따른 소스, 샐러드, 드레싱을 제공할 때와 플랫터 서비스시는 고객의 왼쪽에서 보여준 후 서브해야 한다.

음식 서비스의 순서는 먼저 주빈에게 해야 하고 그 다음에 여성고객, 남성고객 순으로 제공하며, 주최자는 제일 마지막으로 서브해야 한다. 음식은 주문 순서대로 제공하며, 두 사람 이상의 고객이 일행인 경우 가능한 한 동시에 서브해야 하고, 뜨거운 음식(hot dish)은 뜨겁게, 차가운 음식(cold dish)은 항상 차갑게 제공되어야 한다. 따라서 접시도 뜨거운 요리용 접시는 디쉬워머(dish warmer)에 뜨겁게, 차가운 요리용 접시는 차갑게 보관한다.

고객이 다 드신 빈 식기를 치울 때에는 오른손으로 손가락을 완전히 편 채 식기를 가리키며 고객의 의향을 물어본 후 치워야 하며, 기물을 취급할 때에는 절대 소음이 나지 않도록 주의해서 치워야 한다.

1) 수프 서비스(soup service)

수프를 수프 볼(soup bowl)에 담아서 서브할 경우 고객의 오른쪽에서 서빙하며, 수프 튜린(soup tureen)에 담아서 서브할 경우 먼저 준비된 수프 볼을 고객의 오른쪽에서 고객 앞 중앙에 올려 드린 후, Arm towel을 알맞게 접어서 왼손으로 수프 튜린 밑받침을 감싸쥔 후 고객 좌측에서 수프 볼에 튜린을 가까이 대고 오른손으로 수프 래들(soup ladle)을 사용하여 테이블 또는 수프 언더라이너(soup underliner)에 흘리지 않도록 조심하면서 담아 드린다. 샐러드 드레싱이나 소스 보트서비스(sauce boat service)에도 위와 동일한 방법으로 서브한다.

2) 음식 서비스(food service)

뜨거운 요리는 뜨겁게 해서 뜨거운 식기에, 차가운 요리는 차갑게 해서 차가운 접시에 담아 서브하고, 뜨거운 요리를 제공하기 전 고객에게 요리가 뜨겁다는 것을 알려 주의를 환기시키며 제공한다.

생선요리를 서브할 경우 머리는 왼쪽으로 향하게 하고, 꼬리는 오른쪽으로, 배 부분은 고객의 앞쪽으로 해서 서빙한다. 이때 side dish로 fresh wedge lemon, 또는 half lemon을 같이 제공한다. 육류는 비계가 달려 있는 경우 비계를 위쪽으로 배열하고, 육류에 뼈가 있는 경우 뼈는 왼쪽으로 향하게 하여 서브한다.

요리에 소스를 뿌릴 경우 옅은 소스의 경우에는 요리의 중앙부분의 1/3 정도 되는 부분에 적당량의 소스를 살짝 뿌려 주고, 진한 소스의 경우 요리 앞 접시의 빈 부분에 뿌려준다. 이때 소스가 야채 등에 흐르지 않도록 주의한다.

기본적인 테이블 소스의 경우 요리와 같이 테이블에 올려놓으나, 서비스 스테이션(service station) 또는 사이드 테이블(side table)에 놓고 고객이 요구할 경우 즉시 제공할 수 있도록 준비하는 경우도 있다. 소스는 마개 등을 깨끗이 닦고 내용물이 충분히 채워져 있는지 확인한 후 서브한다. 식사가 끝나기 전 이쑤시개(toothpick) 등을 준비하여 홀더(holder)에 가지런히 담아 테이블 위에 놓는다.

3) 샐러드 서비스(salad service)

샐러드는 원칙적으로 주요리가 제공된 후 서브하며 빵 접시(bread plate) 위쪽에 놓는다. 그러나 요리의 사정에 의해 고객이 주요리를 기다리는 시간이 지루하지 않도록 하기 위해서 먼저 서브하기도 하는데 고객의 왼쪽에서 제공된다.

4) 빵과 버터 서비스(bread & butter service)

빵은 바구니에 담아서 고객의 왼쪽에서 어느 것으로 드실 것인지 물어 본 후 고객이 선택한 빵으로 서브한다. 빵을 집을 때에는 손으로집어서는 안되며, 반드시 브래드 텅(bread tong)을 사용해서 서브한다.

빵을 바스켓(basket)에 담아서 테이블에 놓아 드릴 때에는 고객이 손쉽게 드실 수 있는 위치 또는 테이블의 중앙에 놓는다.

5) 디저트 서비스(dessert service)

디저트를 제공할 경우 글라스와 디저트용 기물만 남겨 놓고 테이블에 놓인 모든 기물류는 완전히 제거한 다음에 서브한다.

디저트가 과일일 경우 핑거 볼(finger bowl)를 준비하여 핑거 볼(finger bowl)을 미트 포크(meat fork) 위에 놓아주며 언더라이너(underliner)를 받쳐준다. 케이크 또는 파이를 서브할 경우 고객의 왼쪽에 디저트 포크를 세팅하고, 아이스크림을 서브할 경우에는 고객의 오른쪽에 디저트 스푼을 세팅한다. 디저트는 고객의 오른쪽에서 서비스한다.

6) 음료 서비스

(1) 와인 서비스(wine service)

와인 서비스(wine service) 시에는 고객이 직접 상표(label)를 확인하도록 고객에게 보여주며, 이때 와인의 종류, 생산지, 품명 등을 설명한 후 고객 앞에서 코크(cork)를 빼내고 따르면 되는데, 레드 와인의 경우 큰 글라스를 화이트 와인의 경우 작은 글라스를 사용한다.

화이트 와인은 쿨러(cooler)에 담아 약 7~10℃ 정도 온도로 냉각시켜 제공하며, 레드 와인의 경우 온도는 실내 온도인 18~22℃ 정도로 하고, 와인 바스켓에 담아 와인이 흔들리지 않도록 운반하며 상표가 잘 보이도록 해서 서빙한다. 삼페인의 경우 1~4℃ 정도로 차갑게 해서 서브한다.

화이트 와인은 글라스에 2/3 정도, 레드 와인은 1/2 정도 글라스에

참 고	**서비스의 기본 수칙** 고객에게 음료 제공시 tray는 항상 왼쪽에 들고 모든 음료는 고객의 오른쪽에서 오른손으로 제공하는 것을 원칙으로 하는데, 부득이하게 구석에 놓여진 테이블에서는 테이블의 위치에 따라서 약간 변형시키도 무방하다. Tray를 받치는 방법은 왼손 끝에 tray의 중심을 잡아 올려 놓고 엄지손가락을 굽혀 무게중심을 잡은 다음 나머지 네 손가락으로 무게 중심을 조정한다. 이때 tray를 한 손으로 잡거나 또는 serving 후 겨드랑이 끝에 끼고 다니는 일이 없도록 한다. Glass를 테이블에 놓을 경우에는 tumbler 종류는 glass 밑부분을 엄지손가락과 나머지 세 손가락으로 잡고, 나머지 새끼손가락은 테이블에 살짝 대고 놓으면 소리도 나지 않고 안전하게 놓을 수가 있다. Goblet류는 물이 담겨 있는 밑부분을 엄지손가락과 둘째 및 가운데 손가락으로 잡고 넷째 손가락으로 손잡이를 받쳐 주고서 놓으면 된다. 음료 서빙시에는 wine를 제외한 모든 음료는 코스터(coaster)를 테이블에 놓은 다음 그 위에 놓아야 한다. 리큐르(liqueur) 또는 wine 등을 서브할 때에는 주빈(host)에게 먼저, 그리고 남녀일 때에는 남자에게 먼저 서브해서 시음(testing)하도록 하며, 시음 후 좋다는 표시가 있을 경우 주빈 왼쪽 여성고객 또는 고령자로부터 서브하여 시계방향으로 돌면서 서브후 마지막으로 주빈 글라스에 서브하면 된다.

참 고

와인병 따는 방법

① 병 입구끝까지 foil을 뜯는다(약 1cm).
② Foil을 제거한다.
③ 병 입구를 닦는다.
④ Corkscrew를 오른쪽 각도로 끼우고 corkscrew가 가운데로 잘 들어가도록 바르게 세운다. Corkscrew 나선형 굽이 2개 정도 남아 있을 정도로 corkscrew를 돌려 넣는다.
⑤ Corkscrew 레버를 병 입구에 건다.
⑥ 병을 왼손으로 잡고 corkscrew를 오른손으로 똑바로 잡아 당긴다.
⑦ Cork를 휘게해서는 안된다.
⑧ 레버를 풀고 cork를 두급 정도 남기고 돌린다.
⑨ Cork를 계속 잡아 당긴다.
⑩ Cork를 '뻥'하는 소리를 내지 않게 천천히 손으로 잡고 돌리면서 뺀다.
⑪ Cork에 식초, 유황 혹은 곰팡이 냄새가 나는지 맡아본다(냄새가 나면 즉시 다른 와인으로 교체한다).
⑫ Corkscrew에서 Cork를 뽑아서 B.B plate에 놓아 host에게 확인하도록 한다.

따르는 것이 원칙이며, 이때 가득 따르는 것은 금물이다. Wine을 따르는 동안 접객원이 맨손으로 직접 wine bottle를 잡지 않아야 하며 항상 napkin으로 감싸 쥐고서 서브해야 하는데 레드 와인은 육류가 제공될 때 서브하며, 화이트 와인은 식전주로서 제공되거나 또는 생선요리가 제공될 때 서브한다.

(2) 맥주 서비스(beer service)

맥주와 맥주 glass는 차갑게 깨끗이 보관된 것을 서브한다. 맥주를 따를 때에는 맥주가 넘치지 않도록 glass의 8부 정도 채우고 나머지는 거품이 솟아오르도록 해야 하며, 이때 병을 천천히 잘 조절하면서 따르도록 한다.

맥주를 따를 때에는 맥주병이 galss에 닿지 않도록 3cm 정도 glass 위의 중앙부분에 따르되, 거품(form)이 생기도록 서브하는 것이 좋다.

Glass에 채우고 남은 맥주병은 상표가 고객 앞으로 향하도록 하여 맥주 glass 위쪽에 놓는다.

(3) 음료 서비스(beverage service)

Glass는 위생상 반드시 glass 하단 쪽을 손끝으로 가볍게 쥐어야 하며, water glass 또는 wine glass가 있을 경우 그 글라스의 우측 아래에 놓는다. Table에 glass를 놓을 때에는 절대로 소리가 나지 않도록 해야 하며 table에 놓은 후에는 고객 앞으로 살짝 내밀며 서브한다. 캔으로 된 요리는 캔 그 자체를 서브해서는 안되며 glass에 담아서 서브한다.

(4) 커피, 티 서비스

컵은 항상 온장고(warmer)에 넣어서 사전에 따뜻하게 데워서 서브해야 하며, 커피컵은 고객의 오른쪽에서 손잡이는 고객이 잡기 편하도록 오른쪽으로 향하도록 하여 물컵 아래쪽에 놓아 드리고 tea spoon은 컵 앞부분에 손잡이와 평행이 되게 얹어 놓는다.

Sugar bowl 및 cream pitcher는 양이 충분히 보충이 되어 있는지 확인한 후 손잡이가 고객 쪽으로 향하도록 하여 고객이 손쉽게 잡을 수 있도록 하고, 커피의 온도는 서빙시 80℃ 정도가 좋으며 컵에 3/4 정도 채워 드린다. 이때 왼손은 뒤로해서 L자형으로 한다.

커피를 다시 서비스할 경우에는 별도의 요금을 받지 않으며, Pot 채로 가지고 가서 먼저 커피를 제공한 컵에 더 따라도 좋다. 커피 cream은 항상 냉장고에 차갑고 신선하게 보관해야 한다.

아이스 커피 또는 아이스 티는 톨 글라스(tall glass)에 아이스 큐브(ice cube)를 넣어 차갑게 식힌 다음 글라스에 마시기 편리하게 빨대(straw)와 슈가시럽(sugar syrup)을 같이 서브하며, 아이스 티는 반드시 레몬조각을 같이 서브한다.

7) 기물류 취급

(1) 접시(plate)

Plate는 주문한 음식의 종류에 맞춰 알맞게 setting을 한다.

고객 앞에 음식을 담은 그릇을 놓을 때는 손가락이 음식에 닿거나 접시 가장자리에 자국이 묻지 않도록 해야 하는데 plate를 테이블에 서브할 때는 먼저 고객 수와 같은 수의 plate를 왼손으로 들고 한 장씩 오른손으로 고객의 오른쪽에서 테이블 위에 놓는다. 한번 서브할 때에는 왼손에 3~4장, 오른손에 1장 정도 들고서 서브하는 것이 가장 이상적이다. 식탁 위에 놓을 때에는 고객의 오른쪽에서 오른쪽 다리를 가볍게 앞쪽으로 내밀면서 먼저 '실례합니다'라고 주위를 환기시킨 다음, 오른쪽 엄지손가락을 plate 옆 가장자리에 가볍게 붙이고 다른 네 손가락은 plate의 밑바닥을 잡고 테이블 앞쪽 가장자리에서 약 2~3cm 가량 안쪽에 놓으면서 손바닥을 감싸듯이 하여 천천히 손을 뺀다. 이때 plate에 호텔 log가 있으면 log가 위쪽 한가운데 똑바로 보이도록 놓아야 한다.

참 고	**치우는 요령(bussing system)** 버싱 system이란 접객원이 고객들이 사용한 기물과 접시류를 빼내거나 채워주는 작업 system을 말한다. Plate를 채울 때는 주빈 왼쪽에서 여성 고객부터 시계방향으로 돌면서 치우는데 남은 음식이 접시 위에 있을 때는 트리플렛 시스템으로 사용한 접시가 깨끗한 경우는 더블 시스템에 의해 작업한다.

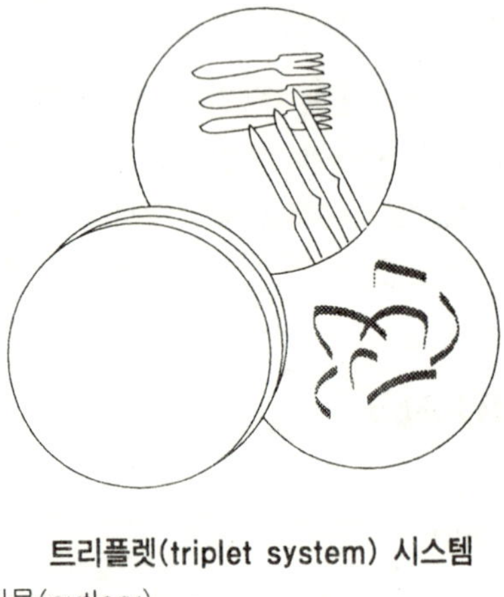

트리플렛(triplet system) 시스템

- 한 접시 위에는 은기물(cutlery)
- 한 접시 위에는 남은 음식을 넘겨서 담는다.
- 한 접시 위에는 빈접시들을 쌓는다(10개 이상은 올려놓지 말 것).

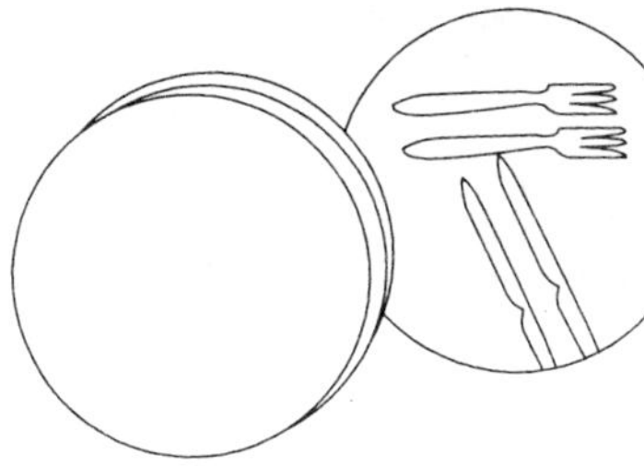

더블(double system)

• 한 접시는 은기물
• 한 접시 위에는 빈 접시들을 쌓아 놓는다(이때도 10개 이상은 안된다).

Plate를 뺄 때에는 고객의 오른쪽에서 오른손으로 고객의 앞쪽에 있는 plate를 한 발자국 뒤로 물러서서 빼낸다. 고객의 왼쪽에 있는 plate는 고객의 왼쪽에서 오른손으로 빼낸다. 빼낸 plate를 들 때에는 첫 번째 plate는 왼손의 둘째손가락과 새끼손가락 사이에 끼우고 꽉 잡고 기물은 나이프 위에 포크를 십자가형으로 놓는다.

다음 plate를 팔목 살 위에 얹은 후 남은 찌꺼기와 기물을 정리하여 첫 번째 plate에 옮긴 다음 포개어 간다. 테이블의 음식을 다룰때는 항상 다음의 server 사용법을 이용한다.

(2) 서버(server)

주로 러시안 서비스에서 사용하는 것으로 음식을 고객의 접시에 놓거나 뺄 때 사용하는 fork와 spoon을 가리킨다.

서버잡는 방법에는 여러 가지가 있는데, 젓가락을 잡는 식으로 잡는 방법이 있다. 이 방법은 왼손 plate를 들고 있어 양손을 사용할 수 있는 경우에 사용하는 방법이다. 다음은 스푼과 포크가 겹친 사이에 둘째 손가락을 끼우는 방법이 있으며, 양손을 이용해서 서버를 잡는 방법이 있다. 양손을 사용해서 잡는 방법은 스푼을 오른쪽에 포크를 왼쪽에 잡고서 사용하는데 이 방법은 서비스 왜건 위 platter에서 plate에 음식을 덜어 줄 때 사용하는 방법이다. 어느 방법이든 간에 요리를 잡는다는 것보다 스푼으로 요리를 떠내고 그것이 떨어지지 않게 포크로 살짝 누르는 감각으로 취급하면 되고, 육류의 국물과 소스는 스푼으로 국물을 떠내어 서브하고 밥(rice)을 담을 때에는 스푼과 포크 앞부분을 옆으로 나란히 하여 떠내는 면을 넓게 하면 용이하게 사용할 수 있다.

(3) 서비스 트레이

Tray는 서비스에 필요한 기물을 올려 놓고 운반하는 쟁반으로 원형, 타원형, 직사각형이 있으며 호텔 레스토랑에서는 보통 원형의 tray를, 룸 서비스나 아침식사 서브시는 직사각형의 것을 많이 사용하는데 운반할 때는 tray 위에 물건이 있건 없건 간에 항상 허리 높이 이상에서 운반하는 습관을 길러야 한다.

트레이 잡는 방법은 왼쪽 손바닥이 계란을 쥔 듯한 모양으로 손가락을 전부 펴서 트레이의 중심을 안전하게 받친다. 잡는 높이는 왼팔을 90°로 굽힌 상태에서 가슴보다 약간 내려오게 하며, 이동할 때에는 전방을 꼭 확인한 후 걸어야 한다. 절대로 트레이를 한 손으로 잡고 흔들면서 다니거나 겨드랑이에 끼고 다녀서는 안된다.

원래는 은제품(silver tray)을 사용하였으나 최근에 와서는 스테인리스(stainless)나 플라스틱으로 만든 값이 싸고 위생적인 것을 많이 사용하는데 트레이 위가 미끄럽지 않게 하기 위해서 스테인리스 경우 트레이에 cork가 깔려 있으나, 플라스틱의 경우 미끄럼을 방지하기 위하여 천이나 종이 냅킨을 깔아 사용하기도 한다. 이때에는 천이나 종이 냅킨을 자주 갈아서 깨끗하게 유지해야 하며 평상시에는 가급적 받침을 깔지 않는 것이 좋다. 특히 트레이는 고객의 입에 접촉하는 기물 등을 운반하는 경우가 많기 때문에 항상 청결하게 하는 것이 중요하다.

(4) Servis station

Service station(busstation 혹은 side station이라고도 함)이 있음으로써 주방에 가는 횟수가 줄어든다. 고객이 있는 다이닝 룸에 두어서 소품을 최대한 줄이는 것이 좋다. 영업이 시작될 때에는 서비스 스테이션이 깨끗하고 서비스 용품을 충분히 갖추고 있어야 되며, 서비스 도중에는 잘 유지되고 shift가 끝나면 깨끗하게 청소해야 된다.

(5) 재떨이(ash tray)

재떨이를 교체할 때에는 항상 위생적으로 처리해야 하며 고객에게 불쾌감 혹은 불편을 끼치지 않도록 주의한다.

① 먼저 깨끗한 재떨이를 오른손으로 엎어 들어서 사용한 재떨이 위로 덮는다. 이는 재가 날리지 않도록 하기 위함이다.
② 다음으로 두 재떨이를 함께 들어 tray 위에 놓는다.
③ 깨끗한 재떨이는 다시 테이블 위에 놓는다.
④ 교체한 재떨이는 운반할 때 재가 날리지 않도록 하기 위해 깨끗한 것으로 덮는다.
⑤ 재떨이에는 담배 꽁초가 2개 이상 넘지 않도록 해야 한다.

9. 계산

식사가 종료되면 더 이상의 제공 부분이 없는지 확인하고, 계산서를 계산서용 홀더에 넣어서 host의 오른쪽에 정중히 놓는다.

카드 계산시에는 고객 카드를 두 손으로 받아 posting한 후 카드의 서명과 전표의 서명이 맞는지 확인하고 bill 홀더에 영수증 bill과 카드 슬립을 펜과 함께 드린다. 카드 슬립에 sign 받은 후 영수증 bill과 카드 슬립을 가루 두 번 접어 고객의 우측에서 두 손으로 드리며, 현금 계산시에는 posting한 bill을 빌 홀더에 펜과 함께 드린 후 받은 금액을 복창하고 영수증과 거스름 돈을 잔돈 받침대에 담아 거스름 금액을 말하면서 두 손으로 드린다.

또 수표로 계산시에는 주민등록번호와 성명을 배서하도록 하되, 고액의 수표나 낯선 고객인 경우 신분증을 확인한다.

10. 배웅인사(Forewell service)

식사가 끝나면 계산여부를 확인하고 고객이 일어나실 때 등 뒤 의자 또는 옷걸이에 걸려 있는 옷을 왼손을 든다.

일어나기 쉽도록 의자를 빼 드리고 코트나 겉옷을 입기 편하도록 도와드리며, 고객으로부터 음식 및 서비스에 대한 평가를 받는다.

"오늘 음식 어떠셨습니까?"

"식사하시는 도중 불편사항은 없으셨습니까?"

또 고객이 소지품을 잊지 않았는지 확인하며 거동이 불편한 고객은 상황을 판단하여 출구 또는 엘리베이터까지 안내한다.

불편사항이 있을 경우 메모를 해서 고객관리 컴퓨터에 입력시킨 후 문제점은 교육시켜 재발되지 않게 하고, 특이사항(기호식)은 전원이 알 수 있도록 meeting시 전달한다.

환영인사에서부터 레스토랑에 머무는 동안 기분이 나쁘더라도 배웅 인사로 잘못된 이미지를 바꾸어 놓을 수 있는 마지막 기회라는 점을 인식하자.

PART VIII

업장별 실제 서비스

1. 한식당
2. 양식당
3. 중식당
4. 일식당
5. 뷔페식당
6. 연회 서비스
7. Bar 서비스
8. 룸 서비스

1. 한식당(Korean restaurant)

한국음식은 밥을 주식으로 여러 가지 부식인 국과 찬을 상에 배열하여 한상에 한꺼번에 차려내는 공간 전개형태로 발전하였으며 전통적으로 독성이 기본이다. 이러한 상차림의 체계를 갖춘 때는 조선시대로 요즘은 전통적인 상차림 형식대로 제공하는 식당이 드물지만 우리의 전통문화에 대해 알아두는 것은 지극히 당연한 일일 것이다.

대표적 메뉴로는 불고기 정식, 갈비찜 정식, 궁중전골 등을 들 수 있으며 이런 주요리와 함께 밥과 국, 반찬을 같이 상에 올린다.

참 고

반상올리기

네모진 상이 반상용이다.

앞줄에는 밥과 국, 수저, 냅킨, 앞접시를 놓으며 그 뒷줄에는 오른쪽에 고기, 조치, 왼쪽에 생선조림을 놓고 그 중심에 간장, 초간장, 고추장을 놓는다. 그 다음 줄에 구이, 전, 나물, 자반, 젓갈을 놓고 맨 뒷줄에 고기구이, 생선찜, 김치, 깍두기, 물김치, 회, 편육을 놓는다. 대체로 따뜻한 것은 오른쪽에 회나 편육같은 것은 왼쪽에 놓는 것으로 알고 있으면 된다.

반상을 드릴 때는 반찬이 있는 쪽이 자신을 향하게 하고 팔꿈치 높이로 들어 문밖에 가만히 내려 놓는데 이 때에 상을 선 자세로 내려놓지 말고 상과 함께 앉는 자세를 취한다. 그리고 앉은 자세로 문을 열고 다시 반상을 들고 방에 들어가 어른이 잡수시기 편한 위치에 놓은 후 바깥 쪽 반찬부터 뚜껑을 열어 두 세 개씩 포개서 상 옆에 놓는다.

제일 마지막으로 밥 뚜껑을 열고 "진지 잡수세요"라는 말을 올리면 된다.

식사가 절반 정도 진행되었을 때 숭늉을 대접에 8부 정도 떠서 쟁반에 받쳐 들어가 숭늉을 올린다.

참 고

테이블 세팅

한식당에서의 상차림은 숟가락과 젓가락을 기본으로 하여 각 요리에 알맞은 집기를 사용하며 상에 배열하는 순서는 전통상차림에서와 같다.

그러나 요즘 호텔의 한식당에서는 종래의 상개념에서 벗어난 course 개념의 한정식을 개발하고 있다.

2. 양식당(Western style restaurant)

양식은 한식과 같이 모든 음식이 한꺼번에 상에 오르는 것이 아니라 코스가 정해져 있어 순서적으로 제공된다.

<*Full course*>

(1) 전채요리(Appetizer, Hors d'Oeuvre)

식욕을 촉진하기 위해 제공되는 요리로 분량은 적고 모양과 맛이 좋으며 주 요리의 맛을 살려줄 수 있어야 한다. 전채요리의 재료는 어패류, 육류, 가금류, 과일, 야채, 유제품과 치즈 등 다양한데 식사전에 가벼운 칵테일을 하는 경우 안주의 의미로서 제공되기도 한다.

이때 식전주로는 쉐리와인, 버머스, 마티니, 맨하튼 등이 제공되며 서비스는 특별히 오드블을 위한 세팅을 하지만 파티시에는 웨이터가 은쟁반에 담아 손님의 사이사이를 다니면서 고객이 선택하는데로 고객의 왼쪽에서 제공한다.

(2) 수프(Soup, potage)

식사의 제1코스에 해당되며 뒤따르는 모든 요리의 성격을 결정하는 중요한 위치에 있다. 맑은 수프(콘소메)와 진한 수프(potage)로 나뉘는데 수프를 제공할 때는 경우에 따라서는 찬 수프가 제공되기도 하나, 대부분 따뜻하게 제공하는 것이 원칙이므로 soup bowl보다는 soup tureen을 이용하며 arm towel로 밑을 받쳐서 들고 soup landle을 사용하여 서브하는데 russian service에서는 손님의 왼편에서 american service는 오른편에서 제공한다.

이때 분위기와 식욕촉진을 위해 수프에 chives, parsley 등 향초를 약간 띄워 주면 좋다.

(3) 생선요리(Fish, poisson)

생선요리는 세미 정식에서는 생략되는 경우가 많고, 주요리로 제공되기도 한다. 인간의 생리구조상 식사시 경식을 하고 난 다음에 중식을 하는 것이 위에 부담이 되지 않는데 생선류는 육류보다 섬유질이 연하고 소화가 잘되는 특성을 가지고 있다. 생선요리는 지방 함유량의 많고 적음에 따라 보일드(boiled), 포취드(poached), 그릴드(grilled), 매트리트(metelote), 뮈니에(meunier), 프라이드(fried), 그라탕(gratan) 등 다양한 조리법을 사용하며 이에 따르는 소스의 종류도 다양한다.

생선요리를 서브할 때는 고객의 오른쪽에서 오른손으로 제공하는데 일반적으로 화이트 와인을 곁들이며 머리는 왼쪽으로 꼬리는 오른쪽, 배부분은 고객의 앞쪽으로 오게끔 놓는다.

생선요리에 소스를 뿌릴 때는 엷은 소스의 경우는 요리 중앙부에서 1/3 정도 되는 부위에, 진한 소스의 경우는 요리 앞 접시의 빈부분에 뿌려주며 side dish로 half lemon이나 wedge lemon을 같이 제공한다.

(4) 육류요리(*Meat, entrée*)

정찬의 중간코스에 해당되며 과거에는 로스트(roast) 전에 소량의 육류를 주로 제공하였으나 요즘엔 로스트 코스가 생략된 Entrée만을 제공하며 요리 중 가장 중심이 되는 주요리로서 제공된다.

육류요리는 정확한 분량으로 조리되어야 하고 주문 받을 때도 조리방법을 정확히 물어야 하는데, 이에 따르는 조리시간도 고객에게 알려주어야 하며 제공하는 레드와인의 주문여부와 같이 제공되는 빵과 밥의 선택도 확인해야 한다.

서브시는 사전에 접시를 따뜻하게 하여 음식이 식지 않도록 해야 하며, 고객의 오른쪽에서 오른손으로 접시를 잡고 고객 앞 테이블 끝에서 2~3cm 가량 위쪽에 놓으면서 손등을 테이블에 붙이고 손바닥으로 가볍게 접시를 밀면서 제공한다. 육류에 비계가 달려 있는 경우 비계를 위쪽으로, 뼈가 있는 경우엔 뼈가 왼쪽으로 향하게 서브한다.

(5) 가금조류요리(*Rosast, rôti*)

가금류(poultry) 및 야조류는 영양이 풍부하고 지방분의 함량이 높아 조리시 영양분이 유실되지 않도록 브로일링(broilling), 로스팅(roasting), 프라잉(frying) 등의 조리법을 사용하며 거위, 오리, 칠면조 등의 가금류는 통째로 요리하여 고객앞에서 직접 썰어 주기도 한다.

오늘날엔 로스트 코스는 없어지고 여기서 제공하는 요리를 앙뜨레코스에서 제공하기도 한다.

(6) 야채요리(Salad, salade)

주식인 육류요리와 같이 나오거나 육류요리 직후 제공되는데 이것은 육류요리가 산성식이기 때문에 야채의 알칼리성이 중화작용을 하여 영양면에서 조화를 이루기 때문이다. 육류요리가 나올 때 곁들인 야채도 익힌 것이 나오기도 하나 좀더 강한 생야채를 제공하는 것이다.

샐러드는 깨끗하고 차게 유지해서 제공해야 한다.

(7) 후식(Dessert, De douceur)

디저트는 감미요리로서 앙뜨레와 샐러드 다음에 제공되는데 넓은 의미로는 식후에 제공하는 모든 요리를 칭하며 시각적으로 화려하고 지나치게 달지않은 산뜻한 맛을 준다. 찬후식과 더운 후식, 치즈류, 과일류 등으로 구분하는데 과일류를 후식으로 제공할때는 신선한 것을 통째로 제공하는 것이 원칙이며 이때 fruits knife와 fruits fork, finger-bowl을 함께 제공한다.

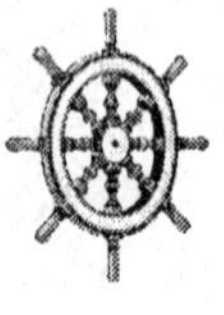

참 고

핑거볼(finger bowl) 서비스 방법

후식으로 통과일이 나올 때 고객이 테이블에서 손으로 잡고 드시는 요리가 제공될 때 서비스 되는 것으로 미지근한 물(30~35℃)을 절반 정도 채운 후 레몬조각이나 꽃잎을 띄워 제공하며 빵 또는 버터접시에 냅킨을 깔고 핑거볼을 올려 고객의 오른쪽에서 음식접시 오른쪽 상단에 서브하며 서비스용도를 설명해 준다.

(8) 음료(Beverage, boisson)

정찬의 마지막 코스에 제공되며 일반적으로 커피나 홍차를 낸다. 고객이 담배를 피울 수 있도록 재떨이를 제공하면서 원하는 음료의 주문을 받으며 이 시간은 고객이 쉬면서 대화를 나누는 시간이므로 찻잔, 재떨이, 물컵 등은 고객이 떠날 때까지 치우지 않는 것을 원칙으로 한다.

3. 중식당

중국요리는 오랜 역사를 두고 광대한 영토와 영해에서 얻은 다양한 재료를 사용하여 발전시킨 요리로 음식의 맛과 질이 다양하며 영양도 풍부하여 세계 각국에서 환영받는 세계적인 요리라 할 수 있다.

중식당 메뉴의 구성은 cold dishes(전채용), soup류, main dish(어육류), 식사류(rice & noodles), 감채류(sweat cakes & candies), dessert의 순으로 짜여져 판매되는데 서브는 양식의 서비스 방법과 같으며 특히 러시안 서비스방법이 많이 쓰이고 있다.

정해진 순서에 따라 제공되는 정탁요리(상요리)와, 고객의 기호에 따라 양과 종류를 자유로이 선택할 수 있는 일품요리, 요리재료의 특성에 따라 특별히 구성되거나 고객의 특별한 주문에 의해 만들어지는 특별요리 등이 있으며 주문은 1인분을 받는 것이 아니라 접시의 양에 따라 대(大), 중(中), 소(小)로 나누어 받는데 보통 대(大)는 7~8인분이고, 중(中)은 4~5인분, 소(小)는 2~3인분을 기준으로 한다. 또 조리시간이

참 고

서비스 방법

중국의 식탁은 8인용 4인용의 정방사각형 탁자를 사용하던 것이 근래는 회전원탁을 많이 사용하고 있으며, 주인과 주빈의 좌석은 서로 마주보도록 정한다.

모든 요리는 각각 큰 접시 하나에 담아 회전판 중앙이나 식탁 중간에 놓는데 이것을 각자의 접시에 덜어서 먹게 되거나 웨이터에 의해 서브된다. 새로운 요리를 제공할 때는 반드시 새로운 접시와 교체해서 담아야 하며 냉채를 제공할 때는 초청한 고객(host)에서부터 초청받은 사람(guest)에게로 제공하는데 이는 중국의 오랜 관습으로 주인이 먼저 음식에 독이 들어있는지를 시식하고 손님에게 돌리던 것에서 유래한다.

맑은 수프는 고객의 특별한 요청이 있을 경우엔 요리의 마지막 코스가 끝날무렵 식사와 함께 제공하며 티포트(tea pot)의 차는 식지않도록 항상 뜨거운 것으로 교체해야 한다.

가장 기본이 되는 코스는 4개채 1개탕인데, 이것은 요리 4가지에 탕 1가지의 뜻으로 ① 전채(냉채) ② 볶음요리 ③ 조림요리 ④ 기름에 튀긴 생선이나 고기 ⑤ 탕 등이며 6개채는 4개채에 생선(또는 고기), 후식이 첨가되고 8개채는 6개채에 튀김요리, 탕요리가 추가된다. 이와 같은 요리는 대체로 국물이 적은 것부터 순서대로 서브하면 된다.

오래 걸리는 요리를 한꺼번에 많이 주문받지 않도록 하고 조리법이 같은 요리는 중복되지 않도록 하며 술 다음의 식사 주문시는 산뜻한 죽 종류나 면류를 권하도록 한다.

4. 일식당(Japanese restaurant)

일본은 바다로 둘러 싸여 해산물이 풍부한 관계로 이를 이용한 요리가 발달하였으며 맛이 담백하고 풍미가 뛰어나다는 점이 특징이다.

일본식 정찬의 순서는 전채요리, 맑은 국, 사시미, 조림, 구이, 밥, 된장국, 밑반찬, 후식의 순이며, 밥과 된장국이 나오면 요리가 끝난 것으로 알면 된다.

이런 정식정찬 이외에 일품요리로 사시미(생선회), 스시(초밥), 덴뿌라(튀김), 우동, 소바, 나베모노(냄비요리)가 우리에겐 더 익숙한데 사시미나 생선초밥집에 가면 앉은 자리가 카운터와 일반의자로 나뉘어져 있으며 카운터 자리는 고객의 주문에 따라 조리사가 즉석에서 만들어 주므로 값이 비싸다.

참 고

서비스 방법

① 냄비요리 : 고객의 식탁에서 직접 끓이면서 조리하여 고객에게 제공하므로 세심한 주의가 필요하다.

• 샤부샤부 서비스

ⅰ) 불은 중간정도로 하고 거품이 생기면 바로 걷어낸다.

ⅱ) 물이 끓으면 먼저 배추와 파를 넣어 익힌 후 고기를 살짝 익혀 야채와 고기를 같이낸다.

ⅲ) 위의 방법을 반복한다.

ⅳ) 떡은 중간정도에 넣으며 우동은 중불에서 양념을 먼저 넣은 후 넣는다.

ⅴ) 익으면 제공하는데 우동은 그 위에 뽄스를 약간 뿌린다.

• 전골 서비스

ⅰ) 중불에서 파를 먼저 볶는다.

ⅱ) 볶은 파 위에 고기를 얹어 익힌 다음 다래소스를 붓고 조리될 동안 계란을 풀어 제공한다.

	iii) 고객에게 조리된 파와 고기를 제공한 후 맛의 평가를 받는다. iv) 팬에 다래소스, 죽순, 표고버섯, 느타리버섯, 두부, 곤야꾸를 조금 씩 넣어 익힌다. v) 조리된 야채와 고기를 고객에게 제공한 후 다시와 가래로 간을 맞춘다. vi) 마지막으로 쑥갓을 넣으며 손님의 기호에 따라 시찌미를 제공한다. ② 회석요리 i) 스이모노(장국) 서비스 후 음료의 추가주문을 받는다. ii) 복냄비, 도미구이 등 뼈가 있는 생선을 제공할 때는 물수건을 준비한다. iii) 밥, 장국, 싱꼬를 제공하고 뚜껑은 고객이 직접 열도록 한다. iv) 이와 같은 요리는 한꺼번에 제공하는 것이 아니라 메뉴의 차림표에 의해 제공하며 요리를 추가 주문할 경우는 순서에 관계없이 만들어 지는 대로 제공하면 된다.

5. 뷔페식당(buffet restaurant)

스칸디나비아에서 유래되었다고 하는 buffet는 균일한 요금을 지급하고 자기 양껏 선택해 먹을 수 있는 self-service 식당인데 스모가스보드(smorgasbord)라고도 하며 일본에서는 바이킹 레스토랑(viking restaurant)이라고 부른다. 뷔페 식당의 종류는 크게 open buffet와 closed buffet로 구분된다.

1) Open buffet

일반적인 뷔페식당의 형식으로 일정한 요금을 지급하면 무한정먹을 수 있도록 음식이 계속 제공된다.

2) Closed buffet

연회행사때 행해지는 형식으로 정해진 인원이 넉넉히 식사할 수 있도록 계약에 의해 일정한 양의 음식만이 제공되는 형태이다.

참 고

서비스 방법

고객이 들어서면 인원수에 맞는 테이블이나 예약테이블로 안내한 후 식전음료를 주문받는다. 이후의 요리는 고객 스스로가 가져다 먹도록 되어 있으나, 커피와 수프 및 홍차 등은 종업원이 제공하며 self-service에 번거로움이 있을 때는 종업원이 돕는다.

① 부족한 요리는 수시로 채워 놓는다.
② 고객이 음식을 다 먹었거나 더 먹고자 할 때, 빈 접시는 신속하게 치우며 기물 역시 새로운 것으로 세팅한다.
③ 서비스용 빈접시는 buffet table의 초입부분에 쌓아 놓는다.
④ 고객이 떠나면 table을 신속히 치우고 table cloth에서부터 다시 setting한다.

참 고

테이블 배치

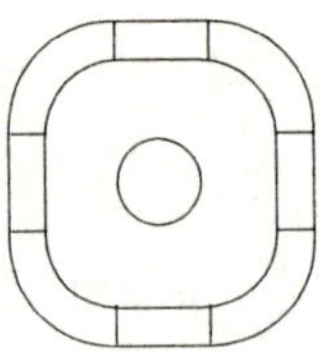
원형(Circular형)

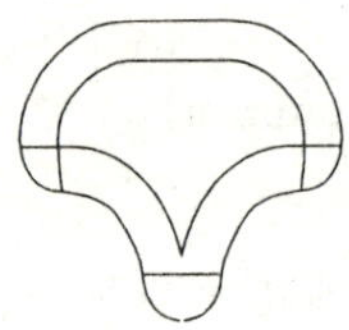
멍에형(Yoke형)

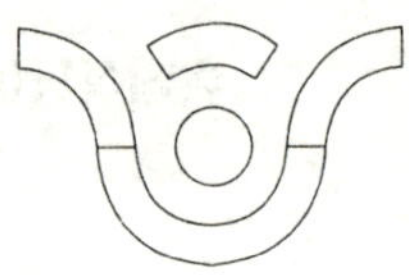
목걸이형(Necklace형)

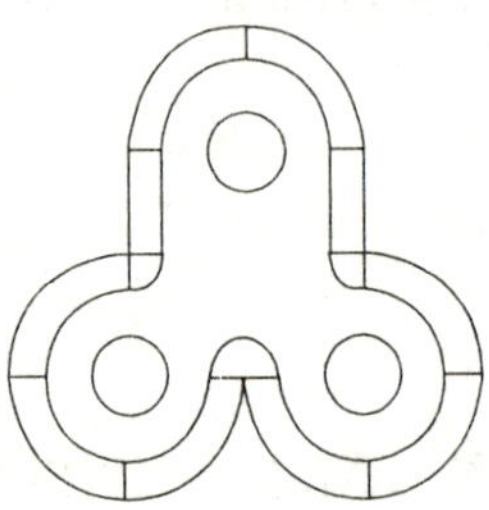
원양머리형
(Run's nead형)

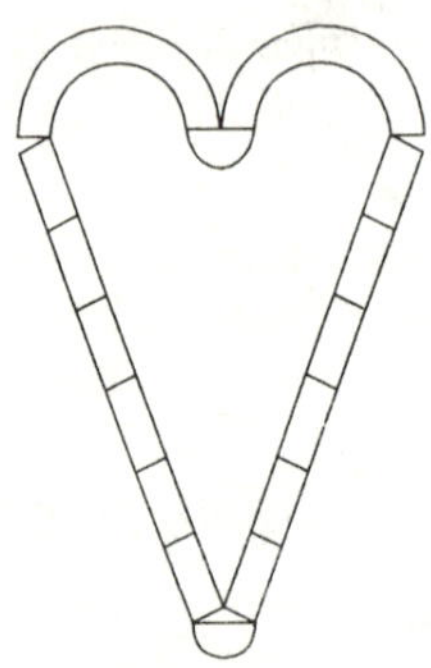
하트형
(Heart형)

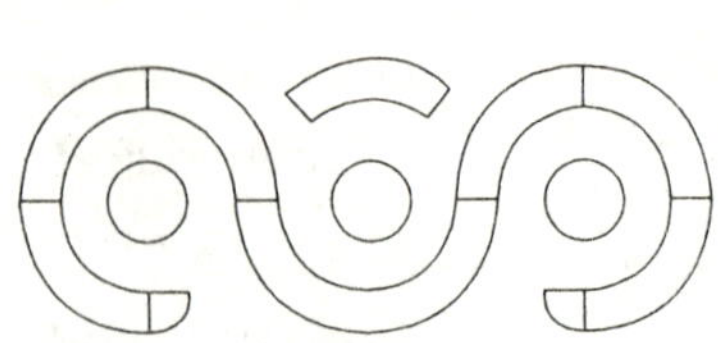
들소뿔형
(Bison's horns형)

6. 연회서비스

연회란 식음료 판매를 위해 다양한 시설을 갖추어 놓는 호텔이나 일정장소에서 2인 이상의 단체고객에게 식음료와 기타 상품을 제공하여 고객이 원하는 행사의 목적을 달성할 수 있도록 해주고 그에 따른 댓가를 수수하는 영업행위를 말하는데, 오늘날 연회는 사회의 발전과 소득의 증대, 여가시간의 증가 등으로 인해 대형화·다양화되어 가고 있으며 이에 따라 각 호텔들은 대형연회장을 마련하고 연회를 전담하는 부서를 조직화하는 등 연회유치를 위해 치열한 경쟁을 하고 있다.

1) 연회의 종류

식음료 판매를 목적으로 하는 경우와 연회장 및 장비를 임대해 주고 임대료를 받는 경우로 크게 구분한다.

(1) 식음료 판매를 목적으로 하는 연회

① 조찬 파티

② Lunch

③ 정찬파티 : 정찬파티란 식음료의 풀 코스(full course)를 제공하는 정식연회로서 대부분 규모가 클 뿐만 아니라 사교상에도 중요한 목적을 띠고 있으며 참석자들은 예복을 갖추어야 한다. 정찬 party table setting에 있어서 주의해야 할 점은 연회장의 넓이와 참석자의 수, 그리고 연회의 목적에 따라 테이블 배치를 해야 하는 것이다. 그것은 좌석배열도 사회적 지위 연령의 상하가 구분되기 때문에 주최자와 충분한 사전 협의가 이루어져야 하고, 특히 외국인일 경우는 부인을 위주로 한다. 그 방의 상석은 입구에서 가장 먼 내측이 되는 것이다.

④ 리셉션파티 : 리셉션파티는 격식이 있고 공식적인 행사에 앞서 행사장 입구나 별실에 간단한 칵테일 및 음료, 애피타이저 등을 차려놓고 공식 만찬에 들어가기에 앞서 주빈과 초청 인사들간의 인사와 가벼운 담소를 겸하여 이루어지는 연회행사이다.

⑤ 칵테일파티 : 칵테일파티란 각종 알코올 음료와 비알코올 음료에 애피타이저(appetizer)가 제공되는 입석연회로서 참석자들은 복장이나 시간적 제약을 별로 받지 않으며 서로 격의없이 자연스런 담소를 나눌 수 있다. 서비스맨들이 특히 준비해야 할 점은 준비되어 있는 음식과 음료가 많이 소비되어야 하므로 self service 형식이라도 고객 사이를 자주 다니면서 재주문을 받도록 하여야 한다.

⑥ 티파티(tea party) : 일반적으로 3~5시 사이에 간단하게 이루어지는 파티로서 비알코올 음료가 제공되며 주로 좌담회, 발표회 등에서 많이 이용된다.

⑦ 출장연회(outside catering) : 고객이 원하는 장소, 시간에 따라 음식이나 각종 기물, 비품을 싣고가서 호텔연회부 직원이 서비스하는 파티로 최근 인기가 높아가고 있다. 특히 음식을 이동하기 때문에 위생에 각별히 신경을 써야 하며, 국빈이나 VIP 등을 위한 행사가 많은 관계로 출장전에 행사 책임자는 사전 현지답사를 통하여 행사장소, 주방시설, 테이블 세팅위치, 차량 대기장소 등을 미리 파악하여 만전을 기해야 하며, 실외에서 행사를 개최할 경우(정원파티 등의 경우)에는 우천시의 대책도 미리 대비해야 한다.

⑧ 뷔페파티(buffet party) : 고객과 일정한 금액에 계약을 하여 연회장에 뷔페식으로 세팅하며 standing buffet와 seating buffet가 있는데, standing buffet는 칵테일 파티와 같은 형식으로서 실행되나 칵테일 파티보다는 약간 중후한 느낌을 줄 수 있도록 해야 하며, seating buffet의 경우에는 예상되는 고객의 숫자만큼 테이블과 좌석을 준비하여 놓고, 요리를 코너별로 설치하여 놓으면 고객이 기호에 맞는 음식을 선택하여 테이블에서 식사하는 파티이다. 연회의 뷔페는 모두 closed buffet이다.

(2) 연회장 판매를 목적으로 하는 연회

① 세미나(seminar) : 교육의 목적으로 진행되며 참가자는 공통된 의제를 가지고 있으며 강사나 토의자가 자신의 지식이나 경험을 발표하고 질문을 받아 답변해 주는 일종의 회의이다.

② 국제회의(convention) : 국가 또는 개인간의 정보교환과 상호협력을

위하여 3개 국가 이상에서 특정분야에 관련있는 사람들이 모여 지식습득 및 특정 문제점을 대담하거나 회의를 하는 행사를 총칭한다.

③ 포럼(forum) : 제시된 주제에 의하여 상반된 견해를 가진 동일 분야의 전문가들이 사회자의 주도하에 다수의 참가자 앞에서 공개토론하는 회의로서 참가자들은 전문가들에게 자유롭게 질문할 수 있으며, 최종적으로 사회자가 종합하는 회의이다.

④ 패션쇼(fashion show) : 최근의 유행경향을 의상과 소품을 통해 관객에게 선보이는 행사이다.

⑤ 전시회(exhibition) : 특정한 물건이나 상품, 표본 등을 전시하여 놓고 판매자와 구매자간에 거래를 하기 위하여 기획된 행사이다.

2) 연회서비스의 절차

(1) 예약

연회예약을 성립시키기 위해서는 예약담당자와 판촉사원간에 밀접한 협력체계를 갖추면서 능률과 기능을 최대한 발휘하여야 한다. 이제는 고객의 예약을 기다리는 것에서 벗어나 적극적인 판촉활동을 통하여 고객확보에 최선의 노력을 기울여야 하는 경쟁의 시대인 것이다.

참 고

연회예약업무에 필요한 각종 서식류

- Control chart : 연회 예약현황 장부
- Quotation : 견적서
- Agreement : 연회 예약접수 명세서
- Event order : 연회 행사 통보서
- Daily event order : 금일 연회 행사 통보서
- Weekly event order : 주간 연회 행사 통보서
- Monthly event order : 월간 연회 행사 통보서
- VIP report : 금일 VIP 방문 통보서
- Price information : 가격 안내표
- Menu : 각 행사 형태별 메뉴
- Floor lay-out : 각 층의 연회장 도면
- Function room lay-out : 연회장별 도면

예약은 주로 전화나 FAX, 내방객 직원의 소개 등을 통해서 받게 되며 특히 전화에 의한 예약을 더욱 충실히 다루어야 하는데, 전화예약은 직접적인 대화가 아닌 고객의 언어만으로 모든 것을 판단해야 하기 때문에 통화를 할 때에는 정중한 말씨로 고객이 호감을 갖도록 하며 판매정신을 최대한 발휘해야 하는 것이다.

예약을 접수할 때는 일시, 예상인원, 행사규모, 메뉴, 장소 등을 정확히 확인한 후 그에 따른 예상예산을 말씀드리고 예약담당자의 직책, 성명, 전화번호 등을 알리면 된다.

(2) 접수 및 기록

먼저 고객이 요구하는 날짜에 고객의 요구조건에 맞는 연회장이 비었는지를 확인한 후 예약전표를 작성한다. 그런 다음 견적서 및 메뉴를 작성해서 결재를 받고 각 관련부서에 event 통보를 하면된다.

(3) 행사진행과정

① 모든 행사준비는 시작 1시간 전까지 마무리한 후, 직원들은 교대로 식사를 하고, 최종적으로 meeting을 한 후 정위치에 stand by한다. 특히 마지막으로 조명 · 음향 · flowers 및 plants를 확인한다.

② In charger는 입구에서 고객을 영접하고, 나머지 직원 일부는 hall에서 물을 따르는 등의 일을 하고, 일부는 backside의 일을 준비한다.

③ 식사전의 모든 의식과 절차를 고객들은 잘 모르므로 예의바르게 행사를 lead한다.

④ 식사가 시작되면 in charger의 지시에 따라 일사분란하게 서비스하며, 특히 바쁘다는 핑계로 흔히 무시하게 되는 고객의 사소한 요구도 들어줄 수 있는 여유를 가져야 한다.

⑤ Dessert가 service되고 상황이 끝날 때 쯤되면 한 명은 사무실로 가서 계산서를 작성한다. 대개의 경우 host가 계산을 하고 초청된 분들을 배웅하므로 시간을 잘 맞추어야 한다.

⑥ 계산은 정확한가, 서비스마무리는 잘 되었는가를 확인한 후 입구에 나와 고객을 배웅한다.

⑦ 행사가 끝난 후의 정리는 상당히 중요하다. 다음에 그 연회장소에

서 치루어야 하는 행사를 위한 준비를 하고, 이어지는 행사가 없을 때는 깨끗하게 비워두어 어떠한 행사가 유치되더라도 곧바로 준비에 들어갈 수 있도록 마무리해야 한다.

3) 테이블 및 좌석배치

테이블과 좌석의 배치는 연회의 성격과 행사장의 크기, 참가인원 등을 기초로 하는데 같은 크기의 행사장이라도 room의 크기에 따라 할 수 있는 행사가 있고, 또 그렇지 않은 경우가 있다. 그러므로 연회부 직원은 평소에 자기가 일하는 모든 연회장의 넓이와 구조를 잘 파악하고, 그 room에 어울리는 성격의 행사를 배치하고, 수행하는 기지를 발휘해야 한다.

연회장의 근무는 매일 매일 다른 성격의 행사를 치루어야 하므로 늘상 반복되는 레스토랑의 업무와는 또 다른 묘미가 있으며, 사회의 각종 변화를 직접 피부로 느끼는 기회가 많고, 새로운 정보를 행사를 치루면서 많이 접하게 되므로 앞서가는 사회인이 될 수 있는 기회가 많으며 하나의 행사를 맡아 주관하는 같은 직급의 직원은 철저한 본인의 책임하에 행사를 치루므로 기획력에서 창의력, 예술성 등 본인의 능력을 최대한 발휘할 수 있는 기회가 언제나 주어져 있다.

(1) 테이블의 종류

여러 종류가 있지만 크게 구분하면 사각 테이블과 원형 테이블이 있다.

① Rectangular : 가장 많이 사용되는 테이블로서, 18인치는 보통 meeting table이라 하여 classroom style의 책상으로 주로 사용하고, 30인치는 보통 식사용 테이블로 사용되거나 buffet table을 만들 때 주로 사용한다.

② Square : 단독으로 사용되는 경우는 cocktail party를 제외하고는 많지 않고, 통상 shape를 꾸밀 때 다른 테이블의 보조로 사용한다. 각종 meeting 시에 OHP나 beam projector 등을 올려 놓는 것

으로 사용된다.

③ Round : 6인용과 8인용이 있고 10인 이상을 set up 할 때는 top table을 올려 사용한다. 연회행사시 식사용으로 가장 보편적으로 사용하는 테이블이다.

④ Serpentine : Crescent라고도 불리우며, 단독으로는 사용하지 못하고 다른 테이블과의 조화로 여러 가지 모양을 내는데 요긴하게 쓰인다. 용어에서 오는 느낌과 같이 뱀같이 구불구불한 형태의 buffet table을 만들 때 주로 사용한다.

⑤ Half-round : 반원형의 테이블로서 oval형의 형태를 연출할 때 rectangular table의 끝부분에 붙여 모양을 낸다.

⑥ Quarte-round : 1/4원형의 테이블로 단독으로는 쓰이지 못하고 테이블의 끝처리나 buffet table 꾸미기에 주로 사용한다.

(2) 테이블 및 좌석배치

① 회의형 배열(conference shape) : 테이블을 일렬로 배열하며 이때 고객은 상대방을 마주보면서 앉게 된다. 소규모의 회식, 회의 등에 주로 사용된다.

② 좌담형 배열(hollow shape) : 넓은 공간을 필요로 하는 배열방법이다.

③ 극장식 배열(theater shape) : 연설자의 table 위치가 정해지면 의자의

첫째줄을 앞에서 2m 정도의 간격을 유지하고 좌석을 배치하는데 한 번에 많은 규모의 인원이 착석할 수 있기 때문에 큰 규모의 회의시 사용한다.

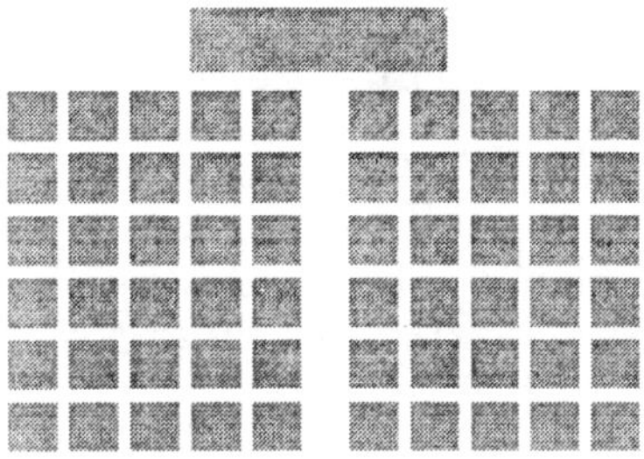

④ 교실형 배열(school shape) : 주로 세미나 또는 국제회의에서 사용하는 배열방식인데 보통 1개의 테이블에 3개의 의자를 배치한다.

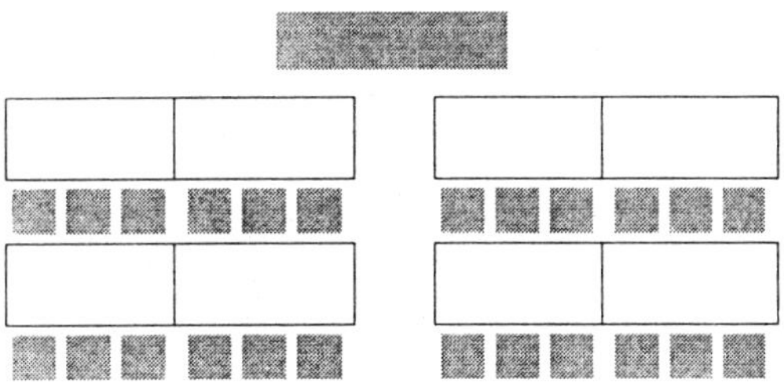

⑤ 원형 테이블 배열(round tabel shape) : 식사와 함께 제공하는 디너쇼 또는 패션쇼 등에 주로 사용하는 배열로서 대규모 인원이 참가하는 행사에 어울리는 배열이다. 테이블은 무대를 중심으로 중앙부분을 고정한 뒤 앞줄부터 차례로 배열해가며 수용인원을 늘리고 중앙부분이 잘 보이도록 하기 위하여 지그재그 식으로 배열한다.

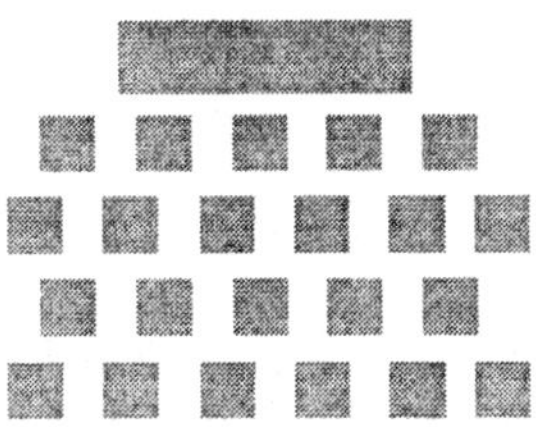

⑥ T자형 배열(T-shape) : 규모가 작은 연회행사에 사용하는 배열형태인데 헤드 테이블(head table)에 많은 고객이 앉을 경우 주로 사용한다.

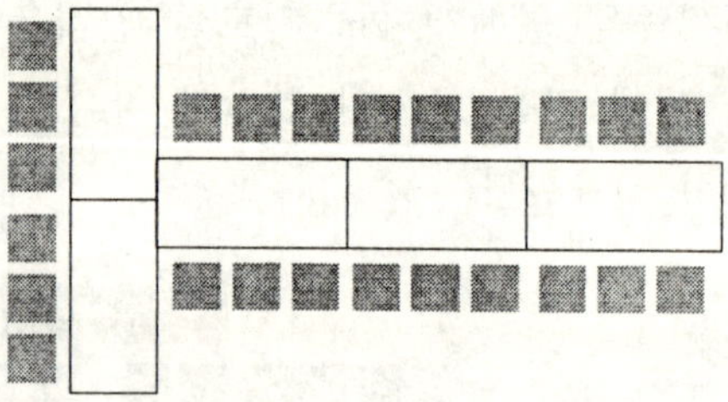

⑦ ㄷ자형 : U자형이라고도 하는데 연회에서 주로 사용하는 형태로 한쪽을 터서 가운데에 공간을 두고 배치하는 방법이다. 좌석배치는 바깥쪽만 하기도 하고 양쪽 모두 하기도 한다.

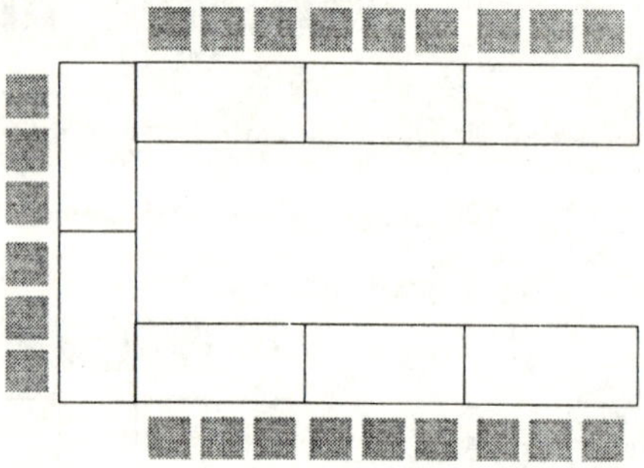

4) 연회시의 서비스

(1) 접객 서비스

서비스는 고객이 호텔 현관에 도착하면서부터 시작되어 행사를 마치고 호텔에서 출발할 때까지 지속되는데 접객원(지배인, 캡틴)은 연회장 입구에서 정렬하여 고객의 입장을 기다리며 고객이 도착하면 행사장으로의 안내와 착석 등의 서비스를 한다. 연회 중에도 늦게 도착하거나 예정보다 일찍 퇴장하는 고객을 위한 서비스와 전화 서비스, 도난사고 예방 등 연회진행에 지장이 없도록 항상 신경을 쓰며 연회가 끝나면 출구에 정렬하여 고객을 환송하는데 고객으로 하여금 잊은 물건이 없는지를 확인케 한다.

이때 지배인은 연회주최자에게 요리 및 서비스에 대한 의견을 묻고 정중하게 감사의 뜻을 전달하면서 회계담당에게 안내한다.

(2) 테이블 서비스

연회의 테이블 서비스는 연회규모나 행사내용 등에 따라 그 진행순서가 달라질 수 있으며, 메뉴 또한 식당처럼 일품요리를 서브하는 것이 아니고 동일한 요리(set menu)를 서브하는 것이기 때문에 특히 서비스 연출에 신경을 써야 한다. 이를 위해서는 사전 점검을 충분히 해야 해야 하며 접객원 모두가 자기 역할을 완벽히 수행해 신뢰감을 조성할 수 있어야 한다.

7. Bar service

음식점 경영에 있어서 불가분의 관계가 있는 것이 주류이며 음식점의 bar는 고객에게 휴식과 즐거움을 제공해야 하는 장소라 할 수 있는데 'Bar'는 불어의 'Bariere'에서 온 말로, 손님과 바맨사이에 가로 질러진 널판을 바(bar)라고 하던 개념이 지금에 와서는 술을 파는 식당을 총칭하는 의미로 사용되고 있다. 즉, '바'라는 것은 아늑한 분위기로 된 장소에서 바텐더(bartender, 조주사)에 의해 고객에게 술(alcoholic beverages)을 팔거나 제공하는 장소를 말한다.

여기서 술을 alcololic beverage라고 표현했는데, 이는 서구적인 개념으로 서양인들은 비알코올성 음료와 알코올 음료 모두를 통칭해서 음료라 표현한다. 이러한 beverage가 호텔 레스토랑의 이익에 대한 기여도를 보면 오히려 food 보다도 높다고 볼 수 있는데 그 이유는 무한정 판매가 가능하기 때문이다. 즉, 호텔 식음료 부문의 경영에 있어서 bar의 존재는 단순한 업장 하나의 존재가치를 넘어 그 호텔의 이미지 반영과 동시에 이익창출에 큰 공헌을 하는 부대업장이라 할 수 있다.

1) 주문

음료업장의 종업원은 상품에 관한 충분한 지식이 필수이며 고객의 기호를 빨리 파악하여 그에 알맞는 음료를 소개하고·고객이 편안한 마음으로 조문할 수 있도록 도와주어야 하는데 주문받을 때는 서비스와 친절을 함께, 그리고 함께 판다는 마음가짐으로 임한다.

손님이 여럿일 경우 시계방향으로 주문을 기록하며 host와 guest의 순서가 바뀌는 일이 없도록 한다.

주문서(order pad)에는 음료주문 내용을 빠뜨리지 않고 기록하여야 하고 고객의 성별주문은 물론 변동된 가격 등을 꼭 적어야 한다.

주문서는 3매로 되어 있고, 1매는 바에서 보관하여야 하며, 나머지 1매는 테이블의 담당 캡틴에게 주지시켜 착오가 없도록 하여야 한다.

2) 바텐더의 자세

① 칵테일 레시피는 규정된 처방에 준하여 만들어야 한다.
② 조주시는 손님이 보는 앞에서 만들어 제공해야 한다.
③ 바카운터 뒤에서 음료를 마셔서는 안된다.
④ 바카운터 뒤에서 흡연을 해서는 안된다.
⑤ 레시피에 기록되어 있는 술이 없을 경우 유사품을 사용하게 되면 대치된 술의 요금을 받는다.
⑥ 고객이나 동료에게 술을 무료로 제공하는 것을 금한다.

3) 웨이터, 웨이트레스의 자세

① 단골 고객이 즐겨마시는 술의 이름과 특징을 기억하고 있어야 하며, 고객의 기호도 잘 기억해야 한다.
② 라이터나 성냥을 항상 휴대하도록 한다.
③ 주문받을 때는 반드시 반복확인하며 시계방향순으로 받는다.
④ 테이블은 항상 깨끗하도록 수시로 닦고, 재떨이도 자주 교환한다.
⑤ Glass를 테이블에 놓을 때는 칵테일 냅킨이나 coaster를 깔고 그 위에 놓는다.

8. 룸 서비스(Room service)

객실이 있는 대형 음식점의 서비스와 호텔 내의 룸 서비스는 모두 방(room)에 체류하고 있는 고객에게 직접 음식을 제공하는 서비스이다.

룸 서비스는 식사할 때 화장이나 정장을 해야 하는 복잡한 절차가 필요없다는 점에서 고객에게 편리한 서비스인데 다음과 같은 특징이 있다.

① 영업대상이 투숙객이므로 24시간 영업한다.
② 주로 아침식사와 간식이 주류를 이룬다.
③ 룸 서비스의 주문은 대부분이 오더 테이커(order taker)가 전화를 통하여 주문을 받거나 도어 놉 메뉴(Door knob menu)에 의해 주문받는다.
④ 메뉴는 한식, 양식, 일식, 이탈리아식으로 구성되어 있는데 주문은 시간의 제약을 받는다.

1) 주문

(1) 전화주문

① 전화벨이 울리면 밝은 인사와 함께 객실번호와 고객의 성함을 확인 기록한다.
② 주문이 끝나면 내용을 반복확인하고 조리시간을 알려준다.
③ 고객이 먼저 수화기를 놓은 다음 수화기를 놓는다.
④ 주문전표를 정확하게 작성한다.
→ 간단하게 정리하면 객실손님 → ordertaker → billing(posting) → cashier → room으로 입력 → set up → serve의 순이다.

(2) Door knob menu에 의한 주문

① 예약주문서(door knob menu)의 수거는 항상 일정시간에 이루어져야 하며 수거시간과 객실번호를 정확히 기록한다.
② 수거한 주문서는 같은 시간대별, 같은 층별로 구분하여 기록한 후

담당접객원을 배정한다.

③ 음식이 준비되면 주문서와 일치여부를 확인하고 계산서를 발행한다.

④ 객실에 서브한다.

※손님이 원하는 날짜, 시간, 품목을 표기하여 당일 02 : 00까지 door knob에 걸어 놓으면 room service 직원이 03 : 00부터 수거하며 시간 및 기타 문제가 발생시 order taker에게 인수인계하고 당일 07 : 00경에 전화하여 원하는 시간에 serve한다.

2) 준비

① 룸 서비스 트롤리(trolley) 또는 다른 기물 등의 정상작동 여부를 확인한다.

② 트레이들은 깨끗이 닦아서 필요시 즉시 사용할 수 있도록 선반 위에 쌓아 놓는다.

③ 테이블 클로스, 냅킨, 트레이 클로스, 키친 클로스, 글라스 클로스 등 린넨류를 체크하고 지정된 선반 위에 정리하여 놓는다.

④ 소금 · 후추 쉐이커 · 마스터드 · 포트 등을 깨끗이 닦고, 다시 채워 넣는다. 필요시에는 소금을 쉐이커에 넣기 전에 따뜻하게 말려서 다시 채워 넣는다.

⑤ 모든 소스병들을 뚜껑을 열어 보고 주둥이를 깨끗이 닦아서 다시 닫아 놓는다. 만약 반 정도 쓴 병이 있을 때는 다른 병에 채워 넣는다. 보충하여야 할 것이 있으면 미리 보급청구를 한다.

⑥ 모든 기물(cutlery)들은 뜨거운 물에 담그었다가 깨끗이 닦은 다음 저장장소에 보관한다.

⑦ 냅킨은 즉시 사용할 수 있도록 미리 접어 놓는다.

⑧ 밤 동안에 아침에 사용할 트레이들을 콘티넨탈 브랙퍼스트(continental breakfast)와 아메리칸 브랙퍼스트로 구분하여 셋업하여 놓는다.

⑨ 룸 서비스용 엘리베이터의 정상작동여부를 확인한다.

참 고

룸 서비스의 기본세팅

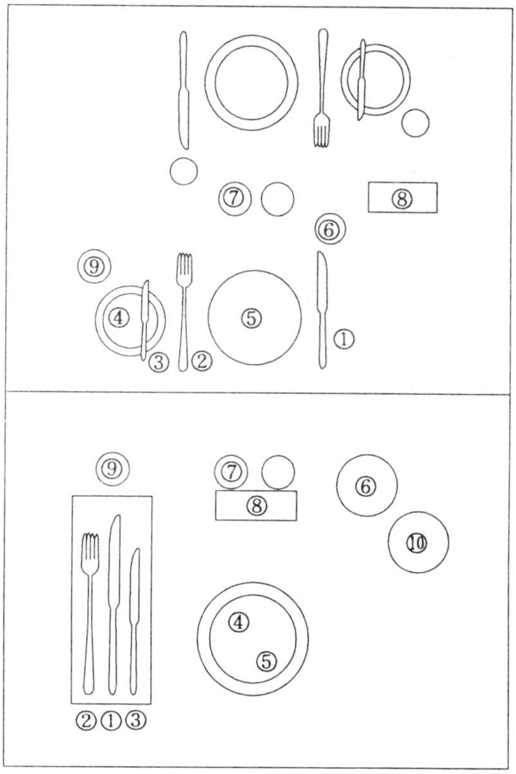

① Table knife
② Table fork
③ Butter knife
④ B&B plate
⑤ 주문한 음식
⑥ Water Goblet
⑦ Caster set
⑧ Tent Card
⑨ Butter Dish
⑩ 주문한 음료

* ④번 B&B Plate는 Main Dish Food Cover위에 놓는다.

3) 기본 세팅

룸 서비스에서 제공하는 조식 서비스에는 미국식, 대륙식 및 간단한 한식 종류가 주로 제공된다.

4) 서브 요령

① 서비스 조장인 캡틴은 시간이 허락하는 한 웨이터들이 객실로 출발하기 전에 모든 주문사항과 준비상태를 체크하여 준다.
② 웨이터는 문을 노크하고 고객의 허락에 따라 입실한다(문은 약간

열어 둔다).

③ 대부분의 고객이 트레이에 놓은 채 직접 식사하기 때문에 셋업하기 전에 cloth를 깔아야 한다.

④ 무거운 품목은 트레이의 중앙부에 놓아야 한다. 두 사람 혹은 그 이상일 때는 객실 테이블에 놓아 드려야 한다. 한 사람 이상일 때는 트롤리를 사용하도록 한다.

⑤ 뜨거운 포트나 음식은 트레이 외곽(가녁)으로 놓되 물이 나오는 주둥이(nozzle)를 바깥쪽을 향하게 놓는다. 이것은 트레이 크로스가 더러워지지 않도록 하기 위해서다. 또한 만약의 경우 뜨거운 액체가 흘러 웨이터의 몸에 화상을 입지 않도록 하기 위함이다.

⑥ 트레이에 뜨거운 요리가 제공될 때에는 접시에 커버(food cover)를 씌워 운반한다.

⑦ 트레이를 테이블 위에 놓을 때에는 주식 접시가 의자를 향하도록 놓아 드린다.

⑧ 병에 들어 있는 음료를 서브할 경우는 병마개를 열어 드려야 한다.

⑨ 전표에 사인을 받은 후에 테이블 수거를 위한 안내카드(table removal tent card) 사용요령을 설명하여 드리고 객실을 나온다.

⑩ 식사시간은 약 한 시간 정도 소요된다. 트레이와 트롤리는 웨이터와 버스 보이에 의하여 수거되며, 이때 조직적인 수거작업을 위하여 클리어링 챠트(clearing chart)를 이용한다. 수거된 방은 'Off' 표시를 하여 수거되지 않은 방이 어느 방인가 한 눈에 볼 수 있도록 한다. 트레이나 트롤리, 기타 룸 서비스용 기물을 수거하는 작업은 객실부서(house keeping)의 업무가 아니라는 것을 명심해야 한다.

⑪ 서명날인된 전표는 룸 서비스 도착 즉시 캐셔에게 전하고 비정상적인 사항은 어떤 것이든 조장캡틴에게 즉시 보고한다.

■저자소개

이학박사 계 수 경

경민대학 호텔조리과 교수

호텔식음료실무론

2006년 2월 10일 초판 인쇄
2006년 2월 15일 초판 발행

지 은 이 • 계 수 경
발 행 인 • 김 홍 용
펴 낸 곳 • 도서출판 효 일
주 소 • 130-823 서울특별시 동대문구 용두2동 238-7
전 화 • 02) 928-6643~5
팩 스 • 02) 927-7703
홈페이지 • www.hyoilco.co.kr
등 록 • 1987년 11월 18일 제 6-0045 호

값 5,000 원

ISB 89-8489-011-1